Parenting that makes both children and parents happy.

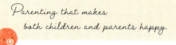

こんなとき、どうしたらいい？

オ・ウニョン
精神科医／児童青年精神科専門医

吉川 南 訳

子どもも親も幸せになる子育て

어떻게 말해줘야 할까 - 오은영의 현실밀착 육아회화

How Can I Say It - Oh Eun-young's Real Conversation in Child Care

By Oh Eun Young, Cha Sangmi

Copyright ⓒ 2020, Oh Eun Young, Cha Sangmi

All rights reserved.

Original Korean edition published by Gimm-Young Publishers, Inc.

Japanese translation rights arranged with Gimm-Young Publishers, Inc. through BC Agency.

Japanese edition copyright ⓒ 2025 by KANKI PUBLISHING.

愛するわが子　　　　　　のために

　　　　　　は「親としての話し方」を

しっかり練習します。

「子どももあなたも、きっとうまくやれるはずです」

プロローグ
子どもとあなたのための1°、
それが小さな変化の始まり

　私は最近、テレビや講演、またはYouTubeで、「1°」の大切さを強調しています。誰もが同じスタートラインに立っているとしましょう。ほとんどの人は、すでに多くの人が通った道を歩いていくでしょう。ところが、数人だけが角度を1°だけ変えて歩いていきます。1°の違いなど、スタートのときにはほとんどわからない、ほんのわずかな変化です。しかし、時間がたつとどうなるでしょう。その数人は、どこに行き着くでしょうか。

　育児というのは、とても大変なものです。誰もが、わが子を心から愛している。だけど、愛しているからといって育児がラクになるわけではありません。子どもをしっかり育てたい。この気持ちは、すべての親が常に胸の奥深くに抱いているものです。それでもうまくいきません。愛する気持ちだけではうまくいかないのが育児です。私はこれまで多くの親と会ってきまし

たが、専門家の言葉について「読んだり聞いたりしたときはわかったつもりでいても、実際に子どもに向き合うと、いままでと同じようにしてしまう」という悩みを聞いてきました。こんなに努力しているのに、どうして自分を変えられないのでしょうか。どうして他の人と同じ道を歩こうとするのでしょうか。

　育児で1°の変化をどうやったら引き出せるのか、ずっと考えてきました。育児に頭を悩ませながら1°だけ変化することで、最大の成果を手に入れる方法は何か。それは他でもなく、「言葉」です。**育児で大切なのは、「子どもにどう接して、どう助けるのか」です。**「どう指導して教えるのか」と考えることも、子どもに助けを与えるためです。ところが、これらは結局、「言葉」で成り立つものです。親は一日中、子どもに言葉をかけています。だから言葉を少しだけ変えれば、育児は大きく変わるのです。子どもも親も、本当に大きく変化します。

　言葉を1°だけ変えること。とはいえ、そう簡単ではありませんよね。毎日使っている言葉ですが、一番変えにくいものも「言葉」です。でも、教わったことを一番うまくこなすのが、「親」というものです。これまでのやり方が間違っていたことに気づけば、直そうと努力するのが「親」です。普通、誰かから「こう変えてみましょう」と提案されたら、自分にとって何がプラスかをまず考えるものです。しかし親は違います。ひた

すら子どもだけを愛する心で、一生懸命努力します。だから私は、**親以上にこの世界を変えられる人はいない**と思うのです。親とは、存在するだけでも実に重要な人物です。立派な親ではなくても、料理が上手でなくても、あまり遊んであげられなくても、子どもの気持ちに共感できなくても、声を荒らげてしまうことが多くても、親がそばにいるだけで、子どもにとって生きる糧となります。だから、あなたはいま、この本を読んでいるのでしょう。存在するだけでも大切な人が、ひたすら努力すること、それが一番重要なことです。

　本書は「言葉」についての本です。ただ、言葉の重要性を説明するというより、**子どものいる日常生活で役立ちそうな言葉を具体的に教える本**になっています。そのため、さまざまな場面に合わせて声に出して読めるように書きました。育児をしていると、子どもにどう話しかけたらいいかわからないことがよくあります。**そのときに必要な言葉を、「外国語会話」を習うように、「育児会話」として学んでみたらどうでしょう。**外国語の短い会話を声に出して練習していけば、だんだん耳が慣れ、口が勝手に動くようになります。そんなふうに、育児の言葉も本書を読んで毎日練習すれば、いつかその場面に適切な言葉が無意識にスラスラと出てくるようになるはずです。

　本書の前半は、簡単に覚えてまねできる短い言葉をまとめて

みました。ページが進むにつれて少しずつ長く、具体的になり、考えるべきことが多い表現を扱いました。そして、おもに乳幼児期の子どもに必要な言葉をバランスよく入れました。

　出版にあたり、ちょっと心配があります。声に出して読むのは、初めは慣れないかもしれません。また、私の書いたセリフが気に入らない読者もいるかもしれません。でも、必ずしもそのとおりに話さないといけないわけではありません。「言葉」には正解などありませんから。**この本は、ただあなたの子育てを手助けするためのものです。声に出してまねてみれば、本書の表現にだんだん慣れて、自然と自分なりの言い方ができるようになるでしょう。**自分のスタイルができるまでは、本書の言葉で練習してみてください。

　たとえ、この本を読んでもあなたの言葉が変わらなかったとしても、それはかまいません。「ああ、私が子どもにかけてきた言葉にはこんな意味があったんだ」「この言葉のほうがもっといいな」と思うだけでも十分です。そんなふうに思えたら、あなたはもっとよい言葉を見つけることができるでしょうし、親子関係もずっとよくなることでしょう。いまの場所から1°角度を変えるだけでも、5年後、10年後にあなたのいる場所は大きく違っているはずです。

　今日の1°の変化が積み重なれば、人生と家族関係が変わり

ます。この本がそんな小さな変化をもたらすスタートラインになってくれたら幸いです。

　　　　　　　　　　　　　　　　　　　　　　オ・ウニョン

おことわり

・本文の一部分は口語体をそのまま生かしました。

・本書で紹介する言葉は、子どもの面倒を見るすべての人がまねして応用できる内容ですが、便宜上、読者を「ママ」または「パパ」として設定しています。

CONTENTS

プロローグ　子どもとあなたのための1°、それが小さな変化の始まり 004

 Chapter 1　使い慣れた言葉ではなく、知ってはいても使ったことのない言葉

01 うちの子でいてくれて、本当に幸せだよ 018
02 待ってなさい 020
03 だめだよ 022
04 そんな気持ちだったんだね 024
05 時計の針がここまできたら出かけるよ 026
Column 育児のお話　子どもたちはなぜ問題を起こすのか？ 029
06 〜したって〜できないよ 030
07 よく寝た？　いい朝だよ 032
08 頑張ったね。よくやったよ 034
09 ただいま〜！　さあ、抱っこしよ 036
Column 育児のお話　気持ちまで解決しようとしないで 039
10 それでもお風呂に入らなくちゃだめだよ 042
11 豆を抜いてあげるから、気にせずにおいしく食べてね 044
12 思い切り泣いていいよ 046
13 ママもあなたと一緒のときが一番好き 048
14 ○○の話をちゃんと聞きたい 050
Column 育児のお話　「だめ」を言われると耐えられない子 052

15 謝ることじゃないよ、学んでいけばいいんだよ …… 054
16 大事な話だから、笑いながら話せないんだよ …… 056
17 遊ぶのはいいことだよ …… 058
18 危ないよ。触らないで …… 060
Column 育児のお話 子どものゆとり、親のゆとり …… 062

Chapter 2 私が子どもと同じ年だったころに聞きたかった言葉

19 見るだけね …… 066
20 手で持って遊ぼうね …… 068
21 もうお家に帰るよ …… 070
22 絶対！ 絶対！ 覚えておいてね …… 072
23 確かにお兄ちゃんのだね …… 074
Column 育児のお話 所有が明白でないと分けることもできません …… 076
24 こんなところで走ったらぶつかるよ …… 080
25 大声を出すなら、出ていくしかないよ …… 082
26 また今度来ようね。今日はもう帰るよ …… 084
27 何度か注意するからね …… 086
28 ごめんなさい。今日はもう帰りますね …… 088
29 静かにしてくれたから、ママもお話ししやすかったよ …… 090
30 大好きだよ！ とっても大好き！ …… 092
31 今日は何か楽しいことあったかな？ …… 094

32 バイバイ、元気でね。またね …… 096

Column 育児のお話　子育てで大事なのはエンディング …… 098

子どもの心を温かくする肯定の言葉

33 もうおしまいね。代わりに散歩でも行こうか？ …… 102
34 弟のことが嫌いなんだね …… 104
35 こうするのがいい方法だよ …… 106
36 分け合って食べたいな …… 108

Column 育児のお話　「悪い言葉だよ」より、
　　　　　　　　「こう言ったほうがいいよ」…… 110

37 もうやらないよ。本当にごめんね …… 114
38 そう思わないのはなんでかな？ …… 116
39 そう？　聞こえてなかったのかな …… 118

Column 育児のお話　全体的には「間違い」でも、
　　　　　　　　「一部分」の正しさを認めてあげましょう …… 120

40 残りは一緒に使うんだよ …… 122
41 この前より早く泣き止んだね …… 124

Column 育児のお話　「何回言えばわかるの？」の意味 …… 126

42 そうだね、早く食べられたね。えらいよ …… 128
43 やればできるじゃない …… 130
44 わあ、面白そうだね。ママは何をしたらいいかな？ …… 132
45 ごめん、嫌だったんだね。もうやらないよ …… 134

Column 育児のお話　子どもの話を最後まで聞きましょう …… 136

46 何があったの？ …… 138
47 しっかり覚えて、自分の力でやるんだよ …… 140
48 色を混ぜたから、もっとよくなったね …… 142
49 そうだよ、聞かなくてもいいんだよ …… 144
50 また今度やってみようね …… 146

 耳で話す言葉、口で聞く言葉

51 大変なときもあるでしょ？ …… 150
52 それでも叩いちゃだめだよ、嫌だって言いなさい …… 152
53 相手が誰でも叩いちゃだめだよ …… 154
Column 育児のお話 「約束したよね！」という言葉、どれくらい使っていますか？ …… 156
54 これからは前の日に選んでおこうね …… 160
55 嫌なのはわかったよ。でも、寒いから着ないとだめだよ …… 162
56 どんなときに嫌いになるのか、教えてくれない？ …… 164
57 ママが聞いてあげなかったから悲しかったんだね …… 166
58 濡れちゃったね。気持ち悪いよね。乾かしてあげる …… 168
59 弟のせいで大変だったね …… 170
60 まねするだけね、刀で突いたらだめ！ …… 172
61 だったら、どうしていつも刀で突くの？ …… 174
62 勝っても負けても楽しいよ …… 176

Chapter 5 大人は大人として最初の意図のままに話そう

63 お腹が空いたの？ それともママを呼んだの？ …… 180

64 うまくいかないな。ああ、イライラする …… 182

65 眠たいのに眠れないんだね …… 184

66 最後まで頑張ったね。かっこいいよ！ …… 186

Column 育児のお話 「もうあなたのママじゃないよ！」「この家から出て行きなさい！」…… 188

67 そのとき、お友達はそんな気分だったんだろうね …… 190

68 そんなこと言わないでね …… 192

69 「△△ちゃんとは遊ばないで」とみんなに言ってはいけないよ …… 194

70 今日は二人とも大変だったね …… 196

Column 育児のお話 発表するのを恥ずかしがる子 …… 198

71 手すりをしっかりつかんで。そう！ …… 200

72 本当？ そうなの？ へえ、それは面白いね …… 202

73 あとでまた楽しくお話ししようね …… 204

Column 育児のお話 自主性と意地っ張り …… 206

74 自分でもそうしたいわけじゃないよね …… 210

75 心の中にずっと残っているんだよ …… 212

76 そうね、本当はいないの。もちろん、必ず来てくれるよ …… 214

Column 育児のお話 親は決して子どもを見捨てられない …… 216

エピローグ　いつでも今日が、子どもに話しかける最初の日 …… **220**

カバーデザイン	喜來詩織（エントツ）
本文デザイン	荒井雅美（トモエキコウ）
イラスト	チャ・サンミ
DTP	Office SASAI
翻訳協力	徐有羅、株式会社リベル

Chapter 1

使い慣れた言葉ではなく、知ってはいても使ったことのない言葉

私たちはいつも、やり慣れた方法で子どもに接します。

慣れている方法は手軽だからです。

ですが、慣れると問題に気がつきません。

自分だけではなく、みんなそうだから

大丈夫だと考えているのです。

慣れからくる手軽さに漬かっていると、

そこから出たくなくなります。

ところが、慣れたやり方というのは

子どもに接したり教育したりするとき、

あるいは人間関係においても、

必ずしもいいことばかりではありません。

そのやり方のせいで、子どもを愛しながら

傷つけたりもするからです。

反射的に飛び出す言い慣れた言葉を、少し遠ざけましょう。

同じパターンの言葉を使っても、同じ結果しか出ません。

これまで使ったことのない言葉を、

アメをなめるように口の中で転がしてみましょう。

体に染み込むまで、声に出して言ってみましょう。

Chapter 1

01

うちの子でいてくれて、本当に幸せだよ

　初めての愛の告白。プロポーズされたときの宝物。誰にでも、そんな大切な思い出や品物が一つはあることでしょう。小さな宝石の指輪を、私たちは引き出しの奥に大切にしまっておき、たまに取り出してはしっかり磨きます。だからちょっとの傷がついてもがっかりします。

　わが子なら、なおのこと大切です。ところが、そんな気持ちとは裏腹に、大切な子どもを毎日、大声で叱りつけていないでしょうか。

　子どもへの愛は隠さずに、口に出して伝えてください。眠りから覚めて目をこすっているわが子をじっと見つめて、その愛を告白しましょう。子どもは、そんな親を一生忘れないでしょう。

> 「○○（子の名前）がうちの子でいてくれて、パパは**本当に幸せだよ。大好きだよ**」
> 「ママは○○を見ていると、『ああ、こんな宝物が生まれてきてくれて本当に幸せだ』って思うよ」

こんなふうに、「あなたがいてくれて本当に幸せだ」と伝えてあげましょう。「あなたはうちの宝物だ」と言ってあげましょう。その言葉で、とても大きな意味が伝わることでしょう。
　その言葉を聞いた子どもは、最初は何を言っているのかよくわからないかもしれません。でも、**毎日聞いているうちに、自分を本当に大切な存在だと感じるようになります。**

Chapter 1

02

待ってなさい

　私は診察の際に、まず子どもに会ってから親御さんに会うようにしています。また、親御さんに会うときは、子どもには診察室の外で待っていてもらいます。このとき親御さんには、「お子さんに外で待つように伝えてください」とお願いします。すると、さまざまな反応が見られます。あるお母さんは大人でも驚くほどの大声で、「外で待ってなさい！」と言います。また、あるお父さんは子どもにお願いするように、「待っててね」と優しい声で伝えます。そうすると、聞き分けのいい子は別として、多くの子が嫌だとダダをこねます。

　そんなときは、柔らかい口調でも、はっきり言わなくてはいけません。慣れなくても、力を込めて、声に出して読んでみましょう。

> 「待ってなさい。外で待ってるんだよ」

　ただ、これは何度も繰り返し言ってはいけません。多くの親

はこう言って注意をしても、子どもがすぐに言いつけを聞かないとき、1分もしないうちに、「外で待っててって言ったよね」と言います。そしてまた1分もしないうちに、「外で待ってなさいって言ったでしょ！」と声を荒らげます。何度も言えばより効果的だと思うかもしれませんが、それは違います。**同じことを何度も繰り返し言うと、子どもには大切な言葉として認識されず、ただの騒音にしか聞こえなくなるのです。**

　人はあまりに多くのことを口に出すせいで、人間関係や状況をいっそう悪化させることがよくあります。子どもに何か指示したり、しつけたりするときもそうです。**必ず言うことを聞いてもらいたい重要なことは、一度だけはっきり口に出すようにしましょう。**

Chapter 1

03

だめだよ

　講演会のとき、心配そうな顔をしたお母さんからこう質問されました。「子どもに『だめ』と言うたびに子どもの自尊心が10点ずつ減ると聞きましたが、本当ですか？」

　みなさんはどう思いますか？　本当に子どもの自尊心は低くなるでしょうか。

　そんなことはありません。「だめだよ」と言うべきときにためらっていては、子どもの自尊心はむしろ低くなるかもしれません。自尊心は、なんでも好き勝手にやっていたら高くなるものではありません。社会で許容される行動と、許容されない行動を正確に判別できるとき、自尊心はより確かなものになります。

　子どもがやってはいけないことをしているときには、はっきりと「だめだよ」と伝えてあげてください。ただし、脅すように言ったり、逆に遠慮がちな口調で言ったりしてはいけません。「悪い癖を直してやろう」とか「叱りつけてやろう」と思っていると、自然と怖く聞こえてしまいます。一方、「子どもから嫌われたらどうしよう」とか「子どもがかわいそうだから」とか思うと、あまりに控えめな感じになってしまいます。

　子どものしつけができるのは親だけです。**怒るのではなく、**

教えてあげるのです。そう考えれば、「だめだよ」という言い方が怖そうに聞こえたり、遠慮がちになったりすることはありません。

はっきりとした声で、読んでみましょう。

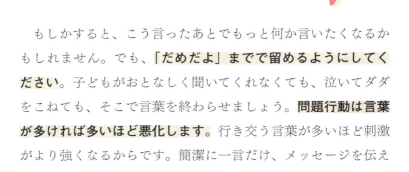

「だめだよ」

もしかすると、こう言ったあとでもっと何か言いたくなるかもしれません。でも、**「だめだよ」までで留めるようにしてください**。子どもがおとなしく聞いてくれなくても、泣いてダダをこねても、そこで言葉を終わらせましょう。**問題行動は言葉が多ければ多いほど悪化します。**行き交う言葉が多いほど刺激がより強くなるからです。簡潔に一言だけ、メッセージを伝えます。

また、あなたの頭の中から「叱る」という単語を消してしまいましょう。「叱る」という単語がなくても、子育てにはまったく支障はありません。「叱る」という単語の代わりに、「教える」という単語を使えばいいのです。

Chapter 1 04

そんな気持ちだったんだね

　人間のコミュニケーションとは感情のやりとりです。言葉には常に気持ちがこめられています。**特に子どもの言葉には、意外にさまざまな感情がこめられているもの。だから「どうしてそう思うの？」と聞いても、答えられないことが多いのです。**

　その感情を抱いた心の主人公が「子ども」であることを、ただ認めてあげましょう。実を言うと、大人でもそれは同じ。心の主人公は自分自身です。子どもが自分の感情を口にしたときは、こう言ってあげましょう。

「ああ、そんな気持ちだったんだね。
心がそう言ったんだね」

　誤解はしないでほしいのですが、気持ちを受け止めることは、思いどおりにさせることではありません。

　子どもがぐずったりダダをこねたりしたとき、その行動の元になった感情を肯定すると、ますます言うことを聞かなくなるんじゃないかと心配になるでしょう。でも、そうではありませ

ん。ネガティブな予断は禁物です。

「そんなことを考えるのは悪い子だ」と言う親に、私は聞きたいと思います。「あなたは自分の子どもが本当に悪い人間だと思いますか？」と。ほとんどの親は首をふります。どう考えても、自分の子は悪い子であるはずがない、と。それならば、そんな心配をする必要はありません。

子どもがなぜそんな行動をとったのか、気になってしかたないこともあります。でも、いまは聞かないでください。**感情が高ぶっているときは、理由を聞いてはいけません。**子どもだけではなく、その子を見ている親の感情も同じだからです。**あとで両者の気持ちが落ち着いたら、それとなく聞いてみましょう。**

Chapter 1

05 時計の針がここまできたら 出かけるよ

　学校の教科書を見ると、単元の最初に「学習目標」が書かれています。学習目標とは「この単元を通して何を学ぶのか」という意味です。**子どもに何かを教えるときも、「教育目標」を決めるといいでしょう。**

　目標といっても、難しく考える必要はありません。問題を前にして**しばし立ち止まって、「いま、この状況で教えるべき一番重要なことは何か」を考えてみること**です。一つの状況について一つだけ、当面の教育目標を決めましょう。

　たとえば、外出しようとしているのに、子どもがなかなか着替えません。ここで教えるべきことのうち、一番重要なことが何かを考えましょう。「約束の時間に遅れないよう出かけること」。それを子どもに教えるのです。

「時計の針がここまできたら出かけるよ。それまでに着替えてね。もし準備できなかったら、パパが抱っこしてでも行くからね」。そう言えばいいでしょう。そのとき、「まだ着替えもできないの？」とか、「ご飯も一人で食べられないの？」とか、「ご飯を食べながらテレビを見るのはやめなさい」などと言う必要はありません。いまの教育目標はそうではないのですから。それ以外のことは、また別の機会に目標を定めて教えればいいの

です。

　なかには「着替えなかったらどうするの？」と聞き返す子もいるかもしれません。そんな場合は、「着替えを持ってでも出かけるよ」と言ってもいいでしょう。**本当に着替えるのを待ってやれない状況なら、そのことを事前に教えておいて、言ったとおりに行動しましょう。**

　ときにはせっかく考えた教育目標でも、うまくいかないことがあります。それでも教育目標はいくつも決めるより、一度に一つだけにしましょう。

　声に出してゆっくり読んでみましょう。

「時計の針がここまできたら出かけるよ。
その時間までに着替えてほしいんだけど、
準備できてなかったら抱っこしてでも行くからね」

Column 育児のお話

子どもたちはなぜ問題を起こすのか？

　お母さんたちから、しばしばこう聞かれます。
「先生、あの……。うちの子は一体どうしてこうなんでしょうか。他の子たちはそんなことないのに」
　自分の子どもだけが、どうしてこんなに問題を起こすのか、という質問でしょう。
　考えてみてください。人間は生きているので、常に世界と交流しています。生きているから、次の段階に向けて発展しないといけません。でも、その過程でいつも問題が起きるのです。
　子どもが問題を起こしたら、「ああ、うちの子も生きているからなんだ」と考えてみましょう。育児は大変だから笑ってやり過ごう、ということではありません。このように考えれば、問題のある状況でも冷静さを取り戻せるからです。
　子どもが問題を起こしたとき、「うちの子はどうして？」と思うと、ついその場で問題を解決したくなりますが、多くの場合は解決できません。なぜそんな問題を起こすのか、どう対処すべきかもわからないことのほうが多いのです。親は冷静さを失い、焦って子どもを叱りつけるだけです。でも、そこでひと呼吸置いて、「ああ、生きているからこうなるんだ！」と思えれば、一歩立ち止まり、ずっと落ち着いて行動できます。
　子育てでは常に問題が起こりえます。どの家の子も同じです。このとき、むやみに慌てないようにするだけでも、結果はずっとよくなるはずです。

Chapter 1

06

〜したって〜できないよ

おもちゃを買ってと言ってダダをこねる子どもには、「残念だね。でも、泣いたからって買わないよ」と言いましょう。

用事があって誰かと話しているとき、子どもが「もう帰ろうよ」とぐずるとき、「退屈なのはわかるけど、すぐには帰れないよ。話がすんだらね」と諭します。泣いたりダダをこねたりしても、望みを聞いてあげることはできないとはっきり教えることが大切です。「だめなんだよ」「待っててね」と。

実際の状況では、こんなふうに言いましょう。

> 「残念だね。でも、泣いたからって買わないよ」
> 「退屈なのはわかるけど、すぐには帰れないよ。
> 話がすんだらね」

ここで、コツを一つお教えしましょう。それは「10単語の法則」です。重要な場面で効果的に指示する言葉は、だいたい10単語以内に収まります。子どもに話す前に、自分が言おう

とする言葉が何単語になるのか、まず数えてみましょう。ちょうど10単語でなくてもいいので、だいたいその程度の長さにまとめます。単語の区切りがわかりづらいものは、適当にまとめて数えても大丈夫です。経験上、「10単語の法則」に合わせて話したとき、子どもたちは一番よく話を聞いてくれるはずです。

Chapter 1

07

よく寝た？　いい朝だよ

　もう起きる時間なのに、子どもがなかなか起きてくれません。このままでは幼稚園に遅れてしまいます。そんなとき、「早く起きて！　もう幼稚園に遅刻しちゃうよ！」こう言う人が多いでしょう。心当たりがあるのではないでしょうか。

　こんなときは、**いったん焦りの気持ちを消しましょう。15秒もあれば大丈夫。**深呼吸してから、すやすやと眠る子どもの顔を黙って見つめます。不思議なことに、子どもの鼻、唇、まつげから、生後8カ月だったころの面影も、2歳のときの面影も姿も浮かんできます。本当にかわいいですね。

　ここで、こう声をかけてみましょう。

> 「よく寝た？　いい朝だよ。
> さあ、うんと伸びをして、
> **幼稚園に行って楽しく遊ぼうね。**
> さあ起きて。うーん、うーん」

お尻をぽんぽんと軽く叩き、足を軽くつかんで「うーん」と伸ばしてやりましょう。そうすれば、親子ともども気持ちのいい朝になります。

　照れくさくてできない、という人もいるようですが、初めて子どもに絵本の読み聞かせをしたときの照れくささを覚えていますか？　言葉も話せない子どもに読み聞かせをするときの照れくささ。でも、すぐに慣れたでしょう？　はた目には幼稚に見える行動も、親だったらきっとできます。やってみればどうということはありません。

Chapter 1

08

頑張ったね。よくやったよ

あるママが、カッとなって思わず子どもに手をあげてしまったと、泣きながら話してくれました。「先生、私には母親の資格がないようです」

親も教師も、いかなる理由があろうとも絶対に子どもに手をあげてはいけません。ですから、そのママの行動は明らかに間違いです。だからといって、「母親の資格」までなくなるわけではありません。

ママたちは、少しでも育児で間違ったと思うと、「母親の資格がないのでは……」と心配します。周囲の人たちも「ママになったんだから……」と言って、「資格」を問います。そんな言葉を聞くと、私はちょっと腹が立ちます。ママはママです、そもそも「母親の資格」なんてどこにあるのでしょうか?

もちろん、子どもを叩くのはいけません。そんなときは、「自分はどうしてわが子を叩いてしまったのか?」と、その理由をじっくり考え、そんなことが二度と起こらないように原因を探して直せばいいのです。

目の前でわが子が車にひかれそうになったら、あなたはどうしますか? きっとコンマ1秒も考えずに、子どもに駆け寄るはずです。子どもをうまくあやせないママも、好き嫌いを直せ

034

ないママも、育児の毎日にイライラするママも、例外なく反射的に行動することでしょう。それでママ自身がけがをし、命を失ったりしたとしても、それを後悔するでしょうか？　再び同じ状況になっても、同じ選択をするに違いありません。ママとはそういう存在です。

　そういう気持ちさえあれば、子どもたちはしっかり成長しますし、どんな問題も解決できます。これは本当です。やってはいけないことを、やらなければいいだけのこと。**親だって子どもを愛しながらも、たえず試行錯誤を続けながら子どもとともに成長する存在なのです。**

> 「今日は大変だったね。
> でも、頑張ったね。よくやったよ」

　寝る前に、あなた自身にこの言葉を必ず聞かせてあげましょう。今日もお疲れさまでした。

Chapter 1

09

ただいま～！
さあ、抱っこしよ

　あなたは一日働いて、疲れて帰ってきました。早くお風呂に入って、のんびりしたい気持ちです。でも、そこへ子どもたちが駆け寄ってきます。こんなとき、少しうっとうしくなるときもあるでしょう。

　でも、疲れているのは親自身の問題です。子どもたちは一日中パパを待っていました。会いたくてしかたなかったのです。こんなときは、「ただいま～！　さあ、抱っこしよ」と言ってあげられたらいいですね。子どもたちはこの一言に大喜びです。**駆け寄ってきたら、両手を広げて、ぎゅっと抱きしめてあげましょう。この気持ちが積み重なって、幸せに変わります。**子どもだけではありません。パパにとっても、この瞬間は一生心に残る幸せな記憶になるはずです。

　なかには無口なパパもいます。私の診察に訪れたパパも子どもたちとのスキンシップはほとんどなかったそうですが、もちろん心は違います。誰よりも子どもたちを愛していました。そこで私は、パパの手をぐっと握り締め、こう言いました。「これが人と人のつながりです。どうですか？」。すると、パパは言いました「いい……です……ね」。そして、最初の項目（18ページ参照）にある、「○○がうちの子でいてくれて、本当に

036

幸せだよ」という言葉を口に出して言ってもらいました。その
パパは、その場で涙ぐんでいました。

　言葉は、相手の心に届くように伝えるべきです。
　声に出して読んでみましょう。

「ただいま〜！　さあ、抱っこしよ」

　みなさんがわが子を心から愛していることを、私は誰よりも
知っています。でも、それを表現しないといけません。言わな
い限り子どもにはわかりません。**表現しなければ親自身もその
ことを忘れてしまうのですから。**

> Column

育児のお話
気持ちまで
解決しようとしないで

　子どもを連れて遊園地に来ました。遊びに来るたび、ショップでおもちゃをねだるので、今日は事前に何も買わないと約束していました。楽しく遊んで、さあ帰ろうとしたとき、子どもが今日もショップに行こうと言います。どうしようかと思いましたが、見るだけだと言うので立ち寄りました。ところが案の定、おもちゃを買ってとねだります。ママは「だめよ！　買わないって約束したでしょ」ときっぱり言いました。それでも子どもは何度もねだり続け、結局ママに手を引っぱられて出ていきました。

　子どもは口をとがらせ、親と離れて、遊園地の出口までダラダラと歩きました。何度か「早く！」と急かされても、子どもはずっとぐずぐずしています。見かねたママが声をあげました。「いいかげんになさい！　遊園地に行きたいって言うから来たのに。楽しく遊べたんだからいいじゃない。おもちゃを買わないって約束したのに、どうしてぐずるの？　こんなんだったらもう遊園地に来ないからね！」ママは子どもに近寄ると、その腕をぐいとつかんで強く引っぱりました。子どもはとうとう泣き出してしまいました。「もう遊園地なんて二度と来ないよ！　えーん！」すると、ママが言いました。「どうして泣くの？　ママ、ちゃんと聞いたからね。もう二度と来ないって言ったよね！」

　ある女性の話です。彼女は今月、お金を使いすぎたので、もう使わないようにしようと思いました。しかし、友達とデパートに行っ

Chapter 1 使い慣れた言葉ではなく、知ってはいても使ったことのない言葉　039

たとき、とてもかわいいサンダルを見つけました。履きやすく値段もお手頃です。しかし女性はハッと気づき、「あ、だめだめ。もう買っちゃいけないんだった」と思い直し、帰宅しました。仕事から帰ってきた夫に、彼女はデパートで見たサンダルの話をしました。「ねえ、すごく気に入ったサンダルがあったんだけど……。セールになったらそのときにでも買ってこようかな」。夫は彼女を呆れたように見ては、「今月のうちの事情を知らないの？　だめだってわかってるのにどうしてその話ばかりするんだ」と言いました。その女性は一気に気を悪くしました。

　私はいつも言っていますが、心は自由でいいのです。重要なのは最終決定です。欲求をうまくコントロールして、最終的に現実的で常識的な行動をとったのなら、それでOK。最初の事例の子どもも次の女性も、最終的な決定をうまくできました。子どもは家に帰らないとダダをこねて地べたに寝そべったりしなかったし、おもちゃを買ってもらったりもしませんでした。女性も結局はサンダルを買わずに帰りました。それでいいのです。子どもには「あのおもちゃが本当に欲しかったんだね」と声をかけて帰ればいいし、女性には「そんなにそのサンダルが気に入ったんだね」と言って終わらせればいい。

　私たちはいつでも気持ちを解決しようとしがちです。身近な大切な人に対して、特にそうなる傾向があります。おもちゃを買えずに悔しがる子どもの気持ち、気に入ったサンダルを買えずに残念な妻の気持ちは、そっとしておきましょう。気持ちを解決することはできないし、解決しようとしてもいけません。解決できるのは、気持ちの持ち主だけです。

本来、気持ちの解決とはマイナスの感情が消化されて、情緒が安定を取り戻すことです。ところが、私たちのやろうとする気持ちの解決はそうではありません。ただ「終わらせよう」とします。ぐずぐずと愚痴を言うのをやめさせ、残念さを訴える言葉に「ストップ」をかけます。そうするから、相手は怒りをあらわにしたり、声をあげて説明しようとしたりするのです。非難し、脅迫し、哀願したりもします。

　なぜ人は相手の気持ちを解決したがるのでしょうか？　相手が嫌な気持ちになった話を聞かされると、自分まで嫌な気持ちになるからです。相手の姿を見て、その言葉を聞いたら、どんどん自分も嫌な気持ちになって耐えきれないから、相手がその気持ちを打ち明けられないようにするのです。結局、自分がラクな気持ちでいたいから。気持ちを表現できないようにする行動は、情緒的な抑圧です。

　相手の気持ちも、自分の気持ちも、少し放っておきましょう。気持ちが流れるまま、ただ見ていればいいのです。流れるままにさせれば、自分の気持ちをのぞき込むことができます。相手も自分も同じです。自分の気持ちをのぞき込んでこそ、感情は消化され、気持ちが落ち着きます。そうすれば相手の気持ちを把握して、どう行動すべきかも少しはわかるでしょう。「ああ、いま自分は不安なんだ」とか、「ああ、子どもはいま機嫌が悪いんだな。待っててあげよう」と考えられるようになります。

Chapter 1

10

それでもお風呂に
入らなくちゃだめだよ

　子どもをお風呂に入れるのに、声を荒らげる親がいます。子どもがお風呂を嫌がって抵抗すると、大声で叱りつけてしまうのです。お風呂に入れたいなら、長く話す必要はありません。**まだ幼い子なら、「さあ、お風呂に入ろう」と言いながら抱きかかえて浴室に向かいましょう。**そして「わあ、きれいきれい。お顔がツルツルだね」と言いながら、手早く洗って出てくればいいのです。たとえ暴れたり泣いたりしても、さっと洗って「はい、終わり」と言って浴室を出ましょう。

　子どもが成長して、「面倒くさい」と言ってお風呂を嫌がるなら、「それでもお風呂に入らなくちゃだめだよ。ママが手伝うから」と言って浴室に連れて行き、さっと洗ってやります。ダラダラして協力しないこともあるかもしれませんが、それでも何も言わないでください。洗い終わったら、「わあ、ツルツルだ。えらいね」と褒めてあげましょう。

　声に出して読んでみましょう。

「それでもお風呂に入らなくちゃだめだよ。
ママが手伝うから」
「わあ、ツルツルだ。えらいね」

その場で必要な言葉だけを言いましょう。必要以上の言葉を言ってやり合っても、お互いに疲れるだけです。私はこのような会話を「消耗的な会話」と呼んでいますが、**消耗的な会話をしても、何事も進みません。**本当に必要な言葉は忘れ去られ、泣く子とイライラする自分だけが残ります。消耗的な会話は避けましょう。そのためには、何を目指しているのかを忘れてはいけません。「嫌でもお風呂に入らないといけないことを教える」。これがいまの目標です。

Chapter 1

11

豆を抜いてあげるから、気にせずにおいしく食べてね

　子どもが料理を前にして、箸が進みません。そんなときは、脅したり機嫌をとったりせずに、こう言ってみましょう。「うわぁ、おいしそう。栄養満点だね」

　それでも食べないときは、怒らずに「何が食べたいかな？」と軽く聞いてみましょう。すると、料理の名前を言うでしょう。「そっか、今日の晩ご飯はそれを作ってあげるね。だから、いまはこれを食べてみて。おいしいよ」とだけ言います。

　そして、**この食卓では他の話はしないこと**。「食べないと大きくなれないよ」などと他の話をするよりもこれだけ言います。

　また、子どもが小さいうちは、食べ物の好き嫌いが多いですよね。たとえば豆ご飯の豆が嫌いな子どもが、豆ご飯から豆を一つずつ取り除いている姿をよく見ます。こんなときは、こう言ってみましょう。

> 「豆を抜いてあげるから、
> 気にせずにおいしく食べてね。
> でも、豆も食べてみたらおいしいよ」

044

「子どもの望みをすべて聞いていていいのだろうか？」と心配になるかもしれませんが、幼いうちはそういう心配をするよりも、**いまできることを先にしてから次の段階にいく**ほうが賢明です。今日食べた物をおいしいと思ってこそ、次に嫌いな食べ物も試してみようという気持ちが湧くものです。怖い顔で叱って無理やり食べさせたら、子どもはその食べ物をさらに嫌いになるかもしれません。

　子どもの偏食を直そうとして、「恵まれない子ども」などを引き合いに出す親がいます。でも、倫理的なものさしを持ち出すと、たとえ親はよかれと思っていても、子どもは罪悪感を抱くことがあります。問題を解決しようとするときは、簡潔な言い方で、子どもが納得するような正当性と妥当性をもって教えなければいけません。

　では、こんな言い方はどうでしょうか。「今日はこれ一つだけ食べよう」。実はこれも拷問です。愛しているからこそ言いたくなるのでしょうが、その本質は子どものためというより、子どもとの戦いで親が勝ちたいという欲です。「すぐ口に入れちゃいなさい」というのも同じ。それで子どもが食べ物を噛みもせずに飲み込んだら、なんの意味があるでしょうか。**「食べたらおいしいんだけど、まだ食べるのは無理かな？　でも、いつかはちゃんと食べられるようになろうね。こういう食べ物も体に必要だからね」**。この程度がいいでしょう。

Chapter 1

12

思い切り泣いていいよ

　子どもがわけもなく（もちろん親の立場から見て）かんしゃくを起こしています。「なんでかんしゃく起こしてるの？」

　子どもが泣き出しますが、あなたから見れば話にならない理由に、こう言います。「いいかげんにしなさい！　なんで泣いてるの？　どうしたの？」思わず言ってしまう言葉です。

　子どもが泣いている理由は、何か思いどおりにならないから？　おもちゃを買ってもらえないから？　スマートフォンを触らせてくれないから？　あなたは泣き出す直前の状況を知らないはずがありません。

　ただ自分の感情を表現している子どもに、「なんで？」「どうして？」と尋ねるのはナンセンスです。 そんな感情を抱いたから、それを表現しているだけなのに、どうしてそんな感情を持ったのか聞かれたら、どう答えたらいいのでしょうか。いまの状況が悲しくて涙が出るのに、どうして悲しいのかと問い詰められても困るでしょう。

　感情というのは、その人だけの固有のものです。怒っている人に「どうして怒っているの？」と聞けば、ほとんどの人は「私がいま怒らないでいられると思うの？」と返します。急に怒るのをやめて、「なぜ私が怒ってるかというと……」と論理

046

的に説明できる人はあまりいません。

　子どもがかんしゃくを起こしたり泣いたりしているとき、なぜ私たちは子ども本人ではないのに、どうしていいかわからず、耐えられないほど嫌な気持ちになるのでしょうか。それは、**子どもの感情を自分のものであるかのように背負いこむからです**。その感情はときに間違ったものであっても、その人だけのものです。その感情が自分に向かっているからと、過度に反応する必要はありません。

　ゆっくり声に出して、こう言ってみてください。

「あら、いっぱい涙が出るね。
思い切り泣いていいよ。
気がすむまで待っててあげるからね。
泣き終わったらお話ししようね」

　そして、**じっと見守ってあげましょう**。こう言ってあげるだけでも、子どもはずいぶん落ち着くはずです。

Chapter 1

13

ママもあなたと一緒のときが一番好き

「幼稚園お休みしてママと一緒にいていい？」そう聞かれたことはないでしょうか。幼稚園や保育園を何日か休んだあとは、特にそういう場合が多いでしょう。そんなときは、あまり深刻にとらないようにしましょう。気軽に返事をしても大丈夫です。「ママもそうしたいな。ママもあなたと一緒のときが一番好き」。もちろん、こう言えば子どもは「ママ、じゃあそうしよう！」と大喜びするかもしれません。そんなときは、「土曜日か日曜日にね」と言います。子どもから「どうして？」と聞かれたら、「ママもお仕事に行かないとね。一生懸命働くのは大事なことだよ。でも、ママはあなたと一緒にいるほうが好き」と言ってあげましょう。

そのとき、「ママもあなたと一緒にいたいけど、お金を稼がないと……」とか、「塾の月謝のために働かないと……」などと言うのはやめましょう。そんなふうに言われると、子どもは何も言えず困ってしまいます。こんな話を聞かされたら、自分が悪いように思う子もいるでしょう。この世を恨んだりもします。幼い子にそんなことを考えさせる必要はありません。

一方、「ママも仕事が大切なの。ママにも人生があるわ」と言ったらどうでしょうか。間違ってはいませんが、**子どもたち、**

048

特に幼い子は親にとって自分が一番でありたいし、親から無条件で愛されることを望んでいます。親がこんなことを言ったら、子どもは胸の中で、自分と親の仕事の重さを比べます。ママにとって自分が絶対的に大切な存在ではないような気がして、がっかりするかもしれません。

では、「もっと一緒にいてあげられなくてごめんね」と言うのはどうでしょうか。これもあまりいい言い方ではありません。**私たちの行動は、一つひとつ自ら慎重に考えて決めたものであるべきです。**そして、子どももこれを見習わないといけません。なのに、親が自分で望んでいないことをしかたなくやっていると言ったら、子どもはどう思うでしょうか。

正面から子どもに目を合わせて、声に出してこう言ってみましょう。

「ママもそうしたいな。
ママもあなたと一緒のときが一番好き」

Chapter **1** 使い慣れた言葉ではなく、知ってはいても使ったことのない言葉　049

Chapter 1
14

○○の話をちゃんと聞きたい

　誰かと電話していると、必ず何か頼みごとをしてきて会話の邪魔をする子、いますよね？　こんなときは、「うん、わかったよ。だけど、電話が終わるまで待っててね」と状況を説明してください。そして「パパは○○の話をちゃんと聞きたいんだけど、いまは電話中だから、終わるまでちょっと待っててくれる？」と付け加えます。電話が終わったら、「パパが電話してる間、静かに待っててくれてありがとう」とも言ってあげましょう。

「パパは○○の話をちゃんと聞きたいんだけど、いまは電話中だから、終わるまでちょっと待っててくれる？」

それでも毎回電話の邪魔をしてくるようなら、電話をかける前に、子どもに協力を求める方法もあります。**「ママはこれから10分くらい電話するから、静かに待てるかな？」というように、何分後に電話が終わるのか、事前に子どもに知らせます。**その間は、子どものお気に入りのおもちゃをあげて遊ばせたり、絵本を読んで待っててと頼んだりしてみましょう。

　言わなくてもわかるだろうと思わず、具体的に言葉で了解を求め、代案を出してあげましょう。幼い子どもは自分の立場からしか考えられません。親を邪魔したくて何か頼んでくるわけではないのです。

Column 育児のお話
「だめ」を言われると耐えられない子

「だめ」と言われることに過敏な子どもがいます。なぜでしょうか？　一番大きな理由は、「自分の意見を受け入れてくれる＝自分を愛してくれている」と思っているから。そういう子は自分の意見が拒絶されると、自分は愛されていないと思い、愛情を確かめようとします。そして、あくまでも自分の意見に固執します。

すべての子がそうなるわけではありませんが、親が子どもへの愛情を示そうとして、物を買ってあげたり要求をなんでも聞いてあげたりしてきたために、そういう行動をすることがあります。要求をなんでも聞いてしまうと、子どもはそれが当然だと思うようになり、拒否や挫折をうまく受け止められなくなるのです。

反対に、子どもの要求をいつも無視したり、子どもの意見にまったく耳を貸さなかったりしたときも、こうなることがあります。言葉は丁寧でも、最後まで話を聞いてあげなかったり、要求をしょっちゅう無視していたりすると、子どもは自分の望みを聞いてくれるかどうかで、親の愛情を判断するようになります。すると、「だめ」と言われただけでつらくて耐えられなくなってしまうのです。

神経過敏な子も、「だめ」という言葉を重く受け止めてしまいます。普通、「だめ」という言葉は笑顔で言うことはできません。言葉自体に強い拒絶の意志がありますから、「だめ」という言葉自体を自分への攻撃として受け取ります。そして感情を害し、話を聞こ

うとしなくなります。攻撃に対抗するため、口答えする子もいます。
　そういうわけで、一部の親は子どもの過敏な反応に疲れるあまり、できるだけ子どもを刺激しないようにし、過度に甘やかすことにもなります。そのため、過敏な子どもたちは社会的なルールを身につける機会があまりありません。そうなると、「だめ」という言葉にさらに敏感になるほかないのです。

　どんな子でも、他人と生きていくにはルールを学ばなければいけません。しかし、過敏な子にルールを教えるときには準備が必要です。たとえて言えば、壁紙を貼る前に、壁に下地を塗るようなものです。過敏な子には「だめ」と言う前に、心に下地を塗ってあげてください。ルールを教える前に、「あなたのことを愛しているけど、聞いてあげられないこともあるよ」「怒ってはいないよ。このことだけは覚えておいてほしいから、話しているんだよ」などと優しく伝えましょう。そのあとに、ルールを教えるときには優しい顔で、柔らかな声で話してください。ただし、はっきりと伝えましょう。そうすれば、子どもは「だめ」と言われても、前より冷静に、より柔軟に対応することができるでしょう。

Chapter 1
15

謝ることじゃないよ、
学んでいけばいいんだよ

　高速道路の休憩所のトイレに入ったときのことです。隣の個室から、こんな声が聞こえてきました。

「食べ物を好き嫌いしてるから、ウサギみたいなコロコロうんちしか出ないんだよ」

「ママ、ごめんなさい。これからはなんでも食べるから、許してください」

「わかったね？　これからは出されたものを全部食べるんだよ！　いいね？　今回は許してあげるから。明日からちゃんと食べるんだよ」

　私は用を足すのも忘れて、危うく個室から飛び出しそうになりました。

　子育てにおいて、これと似たようなことは少なくありません。食事中に子どもが食べ物をこぼします。「パパ、ごめんなさい」と謝ると、父親が言います。「気をつけろって言っただろ？　ぼんやりしてるからご飯をこぼすんだよ。今回は許してあげるから、次からは気をつけなよ」

　本来、「ごめんなさい」と言うのは、謝罪をすべきときです。しかし、このような状況は、謝るとか許すとかいう問題ではあ

054

りません。**わからなければ教え、失敗したら教え、間違えたら教え、さらには悪いことをしたら教える。それが「子ども」という存在です。**

　食べ物をこぼした子どもには、ティッシュを差し出しながら、「こぼすこともあるよ。別に謝ることじゃない。拭けばいいんだよ。これからゆっくり、こぼさずに食べる練習をしていこうね」と教えてあげましょう。

　子どもが「ごめんなさい、もうしません。許してください」と言ったら、どう返せばいいでしょうか。「謝ることじゃないよ、学んでいけばいいんだよ。いろいろやっているうちにうまくなるからね。今日はいいことを学んだね」。こう教えてあげればいいでしょう。

　子育てにおいて、未成年者である子どもが親に対して「ごめんなさい」や「許してください」などと言うべき状況は存在しません。親が「今回は許してあげる」と言うような状況もないのです。

　声に出して読んでみましょう。

> 「謝ることじゃないよ、学んでいけばいいんだよ。
> 今日はいいことを学んだね」

Chapter **1** 使い慣れた言葉ではなく、知ってはいても使ったことのない言葉　055

Chapter 1

16

大事な話だから、笑いながら話せないんだよ

　しつけをしているのに、子どもは目をそらしてばかり。こんなときには、「ママの目を見なさい！」とは言わないでください。**子どもが目を合わせなかったり伏せていたりしたら、居心地が悪いという意味です**。心の中で、「ママの顔や話し方が怖くてしかたないよ」と言っているのです。

　目をじっと見つめる行為は、強烈な視覚的刺激を与えます。猛獣に暗闇の中でにらまれたときのような、原始的な恐怖と不安に襲われたりもします。

　子どもがずっと親から目をそらしていると、しつけの目的が変わってしまうこともあります。ときには言おうと思っていた重要なトピックには触れることもできず、ただ「目を見なさい」と言うだけで話が終わってしまいます。

　ふだん、親子がリラックスしながら目を合わせて話すのは、とてもよいことです。子どもの瞳の中に親の顔が映るのは、本当に楽しい瞬間です。でも、**しつけをするときには、無理に親の目を見てと言う必要はありません**。子どもが聞いてさえいれば、それで十分です。

　目をそらしたら、こう言ってあげましょう。

056

「怖い？　怒っているみたいに見える？
でも、そうじゃないよ。
大事な話だから、笑いながら話せないんだよ。
よく聞いてね」

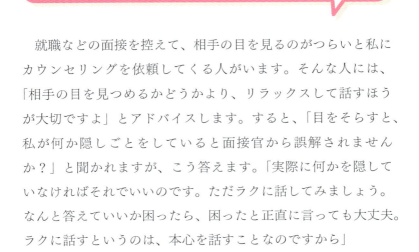

　就職などの面接を控えて、相手の目を見るのがつらいと私にカウンセリングを依頼してくる人がいます。そんな人には、「相手の目を見つめるかどうかより、リラックスして話すほうが大切ですよ」とアドバイスします。すると、「目をそらすと、私が何か隠しごとをしていると面接官から誤解されませんか？」と聞かれますが、こう答えます。「実際に何かを隠していなければそれでいいのです。ただラクに話してみましょう。なんと答えていいか困ったら、困ったと正直に言っても大丈夫。ラクに話すというのは、本心を話すことなのですから」

Chapter 1

17

遊ぶのはいいことだよ

　子どもたちがいつも言う言葉があります。「遊んで」。こんなとき、どう答えますか？

　つい、「勉強しなきゃだめでしょ。宿題は終わったの？」などと答えていませんか。私なら「遊ぶのはいいことだよ。楽しいよね」と言います。子どもたちが診察室を見回して、「本がたくさんあるね。好きなの？」と尋ねてきます。私は「必要だから読むけどね。でも、遊ぶほうがもっと好きだよ」と答えます。

　子どもが親に「遊んで」と言うのは、親と一緒に過ごしたいという意味です。「ママも遊ぶのは好きだよ。遊ぶのはいいことだよ。楽しいよね。ちょっと待っててね」と気持ちよく「イエス」と言いましょう。少しだけ遊んで、また家事や仕事に戻るとしても、そう言ってあげてください。

　小学生などある程度大きくなったとしても、子どもはしばしば遊んでとせがむでしょう。しかし、「もう大きいんだから、ママとじゃなくて友達と遊びなさい」とか、「一人でも遊べるでしょ。絵でも描くか、マンガでも読んだら？」などと叱ってはいけません。

　繰り返しますが、子どもの「遊んで」は親との触れ合いやコ

ミュニケーションを求めているという意味です。**子どもは大好きなママやパパと何かを共有し、心を通わせることで安心し、ストレスを解消し、一緒に楽しみたいから「遊びたい」と言うのです。**

　実際、「遊んで」と言ってくれる時期はすぐ過ぎてしまいます。少し大きくなったら、親が近づくだけで煙たがられて、逃げてしまうでしょう。いまの状況に感謝しながら、声に出して読んでみましょう。

「ママも遊ぶのは好きだよ。
遊ぶのはいいことだよ。楽しいよね。
ちょっと待っててね。一緒に遊ぼう」

Chapter 1

18

危ないよ。触らないで

　パン屋に並んだパンを、子どもが指でつつきます。それを見つけたママがびっくりして子どもの手をギュッとつかみ、「誰がそんなことしていいって言った？」と言います。すると子どもは首をかしげ、考えます。「あれ？　誰が言ったんだっけ？」

　子どもは本当にそう考えてしまうのです。**特に幼い子には正確に「やめなさい」と核心だけを伝えましょう。**「誰がそんなこと教えた？」とか、「誰がそうしろって言った？」という言い方も同じです。

　何度も注意したのに、熱いアイロンを子どもが触ろうとします。パパが恐い顔で、「またそんなことして。これ触っていいの？　だめなの？」と聞きます。子どもは難しいテストでも受けているような顔で、ため息をついて考え込みます。「えっと……、触るなってことかな？　触れってことかな？」

　こういうときも、「危ないよ。触らないで」とはっきりと伝えるのが最善です。

　大人がよく使う言葉でも、子どもにとっては意味がさっぱりわからない言葉があることを覚えておきましょう。

　声に出して読んでみましょう。

060

> Column
> 育児のお話
> # 子どものゆとり、親のゆとり

　先日、こんな男の子に会いました。小学1年生のその子は、診察室に入ってくるなり、「先生、どうして何度も僕のこと呼ぶの?」と口をとがらせました。そして「僕、今日ここに来るの嫌だったんだ」と言うのです。私が「それでも来てよ。先生はきみに会いたかったんだ」と答えると、その子はさらに、「僕は会いたくなかったよ!」とイライラした口調で言います。「そうか、それでもいいよ。だけど、先生はきみと話をしないとね」と笑うと、その子はこう続けました。「でも、来たくなかったのに……」。その様子を見て、私が「そうだよね。遠くから来るのは大変だよね」と言ってあげると、その子は少しホッとしたような顔になり、「でもね、先生……」と背負っていたリュックからゴソゴソと小さいコマとおもちゃの車をいくつか取り出しました。私が「わあ!」とリアクションすると、「僕、今日これで先生と遊ぼうと思って持ってきたんだ」と笑顔を見せました。そこで私は、「うん、遊ぼう。面白そうだね」と、その子としばらくおしゃべりしながら遊びました。

　間もなく、親御さんと面談する時間になりました。「〇〇くん、先生は今日、会ってお話しできてすごくうれしかったよ……」と切り出すと、その子はチラッと微笑んで、「ママとパパに会うんだね。わかったよ」と言いました。そして「じゃあ、これ持っていかないと」と、グレープジュースが半分ほど残ったコップを手に持ちました。私が「持ってあげるよ」とそのコップを持つと、その子がこう尋ねました。「先生、手をケガしたの?」。そのとき、私は紙で手を

切ってしまったので、絆創膏を貼っていたのです。「そうなの。紙で切っちゃった」と答えると、「ああ、痛そう」と、本当に気の毒そうな顔をするのです。「これに気づいたのは〇〇くんだけだよ。ありがとう」。私はそう言ってお別れしました。

　そのとき、その子が本当にかわいくて、鼻がツンとなるほどでした。初めて会ったときは、誰かに話しかけられただけで大声をあげ、椅子を持ち上げては他の子どもたちを攻撃するような有り様でした。それが、こんなに優しくて思いやりのある子になったのです。いまでも会った直後は、否定的な態度を見せることもあります。少しでも不安になると、心の苦しさを緩和させるため、否定的な態度をとるのです。そんなとき、気長に待ってあげることで不安が緩和され、ゆとりが生まれました。気持ちにゆとりが生まれると、その子は周囲に目を配り、他人に気づかいまでできるようになったのです。素晴らしいですよね。

　子どもたちの周囲には、慣れないこと、新しいことが溢れています。いまは不安になったり、苦しかったりする時期かもしれません。だから、少しだけ待ってあげましょう。心がリラックスできてこそ、気持ちにゆとりが生まれます。

　親も同じです。あなたは十分にうまくやっています。自分を信じ、心をラクにしましょう。親にゆとりがあってこそ、子どもにもゆとりが生まれます。

　安心してください。子どももあなたも、きっとうまくやれるはずです。

Chapter 2

私が子どもと同じ年だったころに聞きたかった言葉

あなたのお子さんは、おいくつですか?
自分の子どもと同じ年だったころ、
あなたはどんな言葉を聞きたかったでしょうか?

ママが危ないからだめと言っても、
子どもは牛乳をなみなみ注いだコップを平気で持って歩きます。
よちよちと、子どもなりに気をつけて運んでいきます。

ところが、危ない!
テーブルまであと少しのところで、こぼしてしまいます。
リビングの床にも、子どもの体にも、
あちこち白い牛乳が飛び散ります。
ママが「ほら、だめって言ったでしょ!」と声をあげると、
子どもは「うわーん!」と大声で泣き出してしまいます。
「大丈夫。落ち着いて、じっとしてて。拭いてあげる」となだめます。

子どもは普通、こうしたハプニングに襲われると、
自分に原因があっても、とてもびっくりして怖がるものです。
そのとき子どもは、親に安心させてもらいたいのです。
悪いことをしてしまったにも関わらず、
「愛している」と親が言ってくれるのを待っているのです。
あのころ、私たちも同じ気持ちでした。

Chapter 2
19

見るだけね

　人の家に遊びに行ったとき、その家の装飾品などを必ず触る子がいます。触ったらだめと言っても、いつの間にか触ってしまうのです。

　なぜそのような行動をするのでしょうか。最初はただの好奇心からです。でも、親が「だめ！　壊れたらどうするの！」と脅すように言うと、子どもは急に不安になります。すると、もうそこに近づけなくなる子もいれば、逆に隙を見て触ってしまう子もいます。このような子は、今回は触れなかったものを、次にその家に入った瞬間、そこに駆け寄って触ってしまうこともあります。この行動は、**不安を自分なりの方法で解消するためです**。触ってみて、「あ、触っても大丈夫なんだ」と安心したいのです。触ってみないことには不安しかないため、何がなんでも触ろうとします。

　このように、子どもが他人の物を触ろうとしたら、持ち主の許可を得てから子どもと一緒によく観察するといいでしょう。「気になる？　ママと一緒に見てみようか。わあ、このミニカー、こんなに小さいのにタイヤもついてるね」。こんなふうに話しかけてみましょう。

　子どもが触ろうとしたら、「いまは見るだけね」と教えてあ

げます。すると、なぜ触ってはいけないのか聞くでしょう。「小さいから触ったら壊れちゃうかも。そしたら持ち主の人が悲しむでしょう？　だから見るだけにするの」と教えてあげてください。それでも触ろうとしたら、**子どもの手を軽くとって、「見るだけだよ。他に何があるか、一緒に見てみよう」と言いながら、「見るだけ」ということを強調します。**子どもが「ここにドアもあるよ。開けてみよう」と反応することもあります。そのときは、「触るとドアが壊れちゃうかもしれないから、見るだけね！　他にも見てみよう。何が見たい？」と、また**目で楽しませるようにしましょう。**

**　こうして観察させると、好奇心がかなり満たされます。子どもはこんな経験を経て、「触らないで見るだけでもいいんだ」ということを学ぶのです。**

　優しい声で、声に出して読んでみましょう。

> 「小さいから触ったら壊れちゃうかも。
> そしたら持ち主の人が悲しむでしょう？
> だから見るだけにするの」

Chapter 2

20

手で持って遊ぼうね

　幼い子どもはおもちゃでもなんでも口に入れますよね。ままごとのおもちゃでも、ブロックでも、いつの間にか口に入れてしまいます。

　見つけた親は驚いて、「食べちゃだめ！」「汚いよ！」と叫んでしまいますが、子どもはその声にとてもびっくりします。体に悪いものに触れたり口に入れたりしたら、それが危ないことだと教えてあげるのは当然ですが、大きい声を出したり、いきなり怒鳴りつけたりはしないようにしましょう。まずは、口に入れたら危険な物は事前に片づけて、毎日遊ぶおもちゃはこまめに消毒しておきます。非常に危険な状況ではない限り、声をあげるよりも、子どもの手をとって、少し口から離してあげるといいでしょう。

　子どもたちがおもちゃをよく口に入れる理由は、用途に関する認知が十分でなく、まだ口で物を探る段階に留まっているからです。特におもちゃの中には、果物や野菜、ハンバーガーやケチャップなど、食べ物の形をしたものも多いため、余計に混乱するのです。

　子どもがおもちゃを口に入れたら、「手で持って遊ぼうね」

と何度か教えてあげましょう。そして**親が直接、遊び方を見せてあげます**。たとえば、こまなら「こうやって回すんだよ」と言って実際に回してみせたり、ケチャップのおもちゃなら「ケチャップです。ハンバーガーはどこですか？」とケチャップをかけるまねをしたり。それでもおもちゃを口に入れようとするなら、「やめなさい」と軽く言います。**親の言葉かけで子どもがおもちゃを口から出したら、「そう、よくできたね」と褒めてあげてください。**

声に出して読んでみましょう。

「手で持って遊ぼうね」
「やめなさい」

Chapter 2

21

もうお家に帰るよ

暖かな午後、2歳にもならない子どもが久しぶりに公園に来ました。3時間ほど遊んでから、もう家に帰ろうと促します。ところが、子どもはもっと遊びたいとダダをこねます。こんなとき、親の反応は二つのパターンに分かれます。一つは、説明しながら叱るパターン。状況を詳しく説明してあげれば、子どもが理解し、納得すると考えます。ですが、子どもはなかなか理解できません。「約束」の概念さえもよく知らないのですから。

もう一つは、説明をせず、子どもが何を言おうと顔色を変えずに、落ち着いた口調で「だめだよ」「帰るよと言ったでしょ」と警告するパターン。しかし、子どもは親が自分の気持ちをわかってくれないと感じ、心が傷ついたり、さらにダダをこねたりする場合もあります。気分が悪くなるばかりで、ルールは学べません。でも、気分が悪いのは親も同じ。子どもをしつけられたという気持ちより、「この子はどうしてこんななんだろう？」という思いのほうが強くなるからです。

問題が起きたときは、常に簡単にルールだけを教えてあげましょう。子どもが幼いほど、説明は簡単なほうがいいのです。

声に出して読んでみましょう。

「今日は楽しかったね。でも、もうお家に帰るよ」

　それでも子どもが「いや！　いや！」と泣くときは、「明日また遊ぼうね」と約束して、子どもを抱きかかえて帰ります。
　抱っこして帰りながら、「さっきまで楽しく遊んでたのに、ぐずぐず言ってどうするの」とか、「言うこと聞かない子だね。二度と連れてこないからね！」などとは言わないように。そのまま何も言わずに帰り、翌日は約束どおり、必ず遊びに連れて行ってあげましょう。

Chapter 2

22

絶対！　絶対！
覚えておいてね

　親が指示したことをすぐ忘れてしまう子どもがいます。その子の記憶力が悪いからではなく、作業記憶（ワーキング・メモリー）がまだ発達していないからです。作業記憶は情報を脳に保存しておいて、必要なときに取り出して使う能力です。「注意力」と言ってもいいでしょう。小学校に上がるころには作業記憶が発達し、過去に聞いたものを記憶したり、以前に起きた出来事を思い出したりできるようになります。

　でも、子どもによっては作業記憶の発達が遅れ、小学校低学年になってもすぐ忘れてしまうことがあります。そんなとき、「何回言えばわかるの？　また忘れたの？」と叱っても効果はありません。強く叱ったからといって、脳がすぐに発達するわけではないからです。ならば、どうすればいいのでしょうか？

　幼い子が言いつけをすぐ忘れてしまうのを、当たり前のこととして受け入れましょう。一番大事なことは、そのたびに伝えてあげることです。

　それには少しスキルが必要ですが、より重要なことは、はっきりと強調しておくといいでしょう。たとえば、「これは絶対！絶対！　覚えておいてね」というように強調して、子どもがより神経を集中できるように手助けします。

注意点としては、それ以外の情報を加えないこと。情報が多すぎると、子どもは肝心なことを脳にインプットできなくなります。「前にも忘れて叱られたでしょ」などと指摘すると、頭の中に覚えるべきことより、「叱られた」という言葉がより強く残ってしまうかもしれません。ですから、**忘れやすい子どもにほど必要なことだけを短く伝えることが重要です。**

声に出して読んでみましょう。

「これは絶対！　絶対！　覚えておいてね」

Chapter 2

23

確かにお兄ちゃんのだね

　6歳のお兄ちゃんと、4歳の妹。二人はおもちゃを取り合ってよくけんかをします。ある日、ママが晩ご飯の支度をしていると、リビングでバタバタと音がしたと思うと、「えーん！」という泣き声が聞こえてきました。駆けつけると、お兄ちゃんが小さいころによく遊んでいたおもちゃを握りしめています。妹はわんわん泣きながら、「お兄ちゃんがくれないの」と言います。

　こんなとき、多くの親が「お兄ちゃん、妹はまだ小さいんだからあげなさい」と言います。お兄ちゃんがおもちゃを抱きしめて、「僕のなのに」と言うと、「昔十分遊んだでしょ。いまは遊びもしないじゃない。もう小学生なんだから、わがまま言わないの」とたしなめます。それでもまだ「僕のだ」と言い張ります。「妹が貸してって言ってるじゃない」と言い聞かせても、「貸したくない」の繰り返し。ここまでくると、たいていの親は「おもちゃは他にもたくさんあるのに、なんでこんなに欲張りなの？　だったらもう買ってあげないからね！」と脅します。

　こんなとき、お兄ちゃんに必ず言ってあげるべき言葉があります。しっかりと覚えてください。

> 「このおもちゃは確かにお兄ちゃんのだね」

　ここで重要なのは、そのおもちゃは「お兄ちゃんのもの」である事実です。妹の世話をすること、譲ること、お互いに分け合って仲良く過ごすこと。すべて正しいことです。人間が学んでいかなければならないことであり、人間だけに可能なことでもあります。ですが、**この価値を教えるとき、順番がとても重要です**。このような状況で最初に教えるべき概念は、ずばり「所有」です。**誰のものかを先に考えて、その所有を認めてあげるのです。そうすれば、子どもは抵抗なく受け入れられます。**

　お兄ちゃんが「僕のなのに」と言ったとき、「そうだね、このおもちゃは確かにお兄ちゃんのだね」と言ってあげましょう。**妹にも、「このおもちゃはお兄ちゃんのものだよ」と言ってあげなければいけません。**このように事実を受け入れ、正当性を認めてあげることが重要です。

Column

育児のお話
所有が明白でないと分けることもできません

　前項の話（74ページ参照）をもう少し続けましょう。きょうだいがおもちゃを取り合い、お互いに自分のものだと言って譲らないことがありますよね。こんなときは、一日だけ時間を割きます。おもちゃを全部並べて、シールを準備し、自分のおもちゃに名前を書いたシールをそれぞれ貼らせます。お互いに自分のものだと主張するおもちゃはじゃんけんで決めたり、似たようなおもちゃを二つ選んだりして、その場で一つずつどちらの持ち物かを決めます。そして子どもたちに言いましょう。「自分の名前のシールが貼ってあるものだけが自分のおもちゃだよ」

　おもちゃを共有して仲良く遊ぶのは素晴らしいことですが、誰のものなのかをちゃんと決めて、その権利を認めてあげるのが先です。

　おもちゃはお兄ちゃんのものだと認めてあげたうえで、その次の言葉かけは、「お兄ちゃん、このおもちゃはお兄ちゃんのものだけど、妹にも貸してあげられる？」です。妹には、「お兄ちゃんに貸してってお願いしなさい」と言います。でも、妹が貸してと言っても、お兄ちゃんが貸してあげないことがありますよね。けんかしたばかりなのに、すぐに貸してあげる気になるでしょうか。たとえお兄ちゃんが「嫌だ」と拒否しても、「妹が貸してってお願いしてるじゃない」とまた怒ってはいけません。「貸してってお願いされたら貸してあげないと」とも言ってはいけません。必ずしも貸さなければいけないわけではありませんから。持ち主が貸したくないとき

だってあります。その行動が正しいかどうかではなく、それが、子どもたちが道理を学ぶ順番に沿ったやり方なのです。

　私たちは終点に着いてからやっと学べることを、最初に教えたがる傾向がありますが、そうすると、子どもたちは悔しさが先に立って、人間関係をしっかり学ぶことができません。

　おもちゃの持ち主が貸してあげないと言ったら、しかたありません。妹にもそのように伝えてください。「貸してもらいたかったね。残念だね。でもしょうがないから、明日また貸してってお願いしてみよう。明日にはお兄ちゃんの気持ちも変わってるかもしれないし。今日は他のおもちゃで遊ぼうか」

　妹が、「あのおもちゃで遊びたいの！」と言うこともあるでしょう。このとき、「お兄ちゃんが嫌って言ったでしょ！」と叱らずに、「ママも一緒に遊ぶから、他のおもちゃで遊ぼう」とだけ言ってあげてください。

　ところが、急に状況が変わることがあります。ママが妹と楽しく遊んでいると、お兄ちゃんがのぞいています。こんなとき、「お兄ちゃんはそのおもちゃで一人で遊んでなさい！」と叱る親も少なくありません。でも、それは子どもに教えているのではなく、子どもとけんかをしていることになります。

　こういう場合は、「お兄ちゃんも一緒に遊ぼう。好きなおもちゃを持ってきなよ」と声をかけてみましょう。お兄ちゃんがまた、「これは僕のだよ」と言うかもしれませんが、そのときは「そう、お兄ちゃんのだよ。遊び終わったら、自分のは自分でちゃんと持っておけばいいんだよ」と言ってあげます。お兄ちゃんが、「壊れたらどうしよう」と心配したら、「投げたりしなきゃ壊れないでしょ？楽しく遊んで、もし壊れちゃったら直せばいいじゃない。みんなで

一緒に遊ぼう」と言ってあげましょう。これが教育の会話です。

　子ども同士のおもちゃの取り合いでは、ポイントは大きく二つあります。一つは、「誰の持ち物かをはっきりさせないと、分け合うこともできない」ということ。もう一つは、「自分の名前が書いてあるものが自分のもので、そうでないものを使うには許可を得なければいけない」ということです。

Chapter 2

24

こんなところで走ったら ぶつかるよ

　人が多い場所で走り回る子どもに、どのように注意しますか？　「あそこのおじいさんに怒られるよ！」とか、「みんな見てるよ。そんなことしたら嫌われちゃうよ」などと言う親は多いようです。子どもは緊張した顔で座り、周りをしばらく見渡します。しかし、怒る人は誰もいません。子どもは首をかしげ、「誰も怒ってないじゃん」と言うと、また走り出します。

　こんなときは、すぐに駆けつけて子どもの手をしっかり握り、こう言いましょう。

> 「ほら、人がたくさんいるでしょ？
> こんなところで走ったらぶつかるよ。
> 走ったらだめだよ」

　子どもに問題行動をやめさせようとするとき、私たちは周りの人を利用することがあります。「あのおばあちゃんが見てるよ。怒られるよ！」「いつまでも泣いてたら、お医者さんに注射打ってもらうよ！」「そんなことしたら友達に嫌われちゃう

よ」「そんな子は先生に叱られるよ」……。

しかし、その場では効果があっても、正しいことか間違ったことかという原則をしっかり教えるのには向いていません。

ある場所や状況でしてはならない行動は、みんなが共に、平和に生きるために守るべきルールです。そのルールは、自分や他人の気分や好み、選択とは関係ありません。他の人が見ていようがいまいが、好きだろうが嫌いだろうが守らなければいけないのです。

ですから、それを教えるときは、**「これはルールだよ。他の人たちと一緒に生きている限り、してはいけない行動があるんだよ」**と言ってあげましょう。子どもは「こういう行動はしちゃいけないんだな」と学び、「自分」が学んだことを、自ら考え、「自分」で決断し、「自分」で行動するべきです。つまり、学び行動する主体は「子ども自身」でなければいけません。この過程は、子どもの主体性を育むためにとても重要です。

「そんなことしたら他の人はどう思うかな?」と言ってしまうと、行動の主導権は他人に渡ってしまいます。**道徳性を発達させる最初の段階で、してはならない行動は、他人とは関係なく常にしてはならないことだと教えましょう。**

Chapter 2

25

大声を出すなら、出ていくしかないよ

　公共の場で大声を出してしまう子どもがいますよね。興奮したり、ぐずったりしているにせよ、こんなときには、次のように言いましょう。

　声に出して読んでみましょう。

> 「ここは人がたくさんいる場所だよ。
> **大きな声を出したらいけないの。**
> **大声を出すなら、出ていくしかないよ」**

　子どもが大声を出し続けるなら、そこから連れ出します。なりふりかまわず連れ出す行為は、少し冷たく感じるかもしれません。しかし、指針を与えて行動に移すのは、親の断固とした態度を示すためのものではありません。子どもは言語的概念が未発達なので、言うことは理解できても、そのあとにどう行動すればいいのかを結びつけられないことがよくあります。

　そのため、**指針を与えてもそれを守れないときは、行動で見**

082

せてあげましょう。そうすれば子どもも、「ああ、こういうことをしたらだめなんだ」と理解できます。

Chapter 2

26

また今度来ようね。今日はもう帰るよ

　友達と一緒に室内の遊び場に行きました。わが子がボールプールのボールを何度も友達の顔に向かって投げています。もちろん注意するべきですよね。

「こっちに来なさい。ここはボールで好きなように遊ぶ場所だけど、ボールを人の顔に向かって投げてはいけないよ」。このように伝えてください。さらに、**「このまま続けるなら、もう帰るよ」**と付け加えることができたなら100点。これまでの内容を十分にマスターできた証拠です。もう一つ教えましょう。この言葉まで付け加えれば200点です。

> 「また今度来ようね。今日はもう帰るよ」

　あるテレビ番組に出演したとき、「チャンスは何回あげるべきですか？」と親御さんに聞かれ、こう答えました。「千回でも一万回でもあげてください。親は子どもの過ちに何度でも耐えるべきです」

　子どもが問題となる行動を繰り返すとき、親はその姿を当た

り前のように間違っていると判断し、気楽に見守ることができません。子どもをけなすような言葉を口にしたりもします。

私たちが37カ月の子どもだったとき、毎日どんな問題行動を繰り返していたでしょうか。その行動を直すのにどれほど時間がかかったでしょうか。覚えていませんよね。だから、生まれてまだ37カ月の子どもを、37歳のあなたの目線で見てしまうのです。

子どもに教えるときは常にチャンスを与えるようにしましょう。チャンスをあげれば子どもは学ぶもの。誰も一回では学べません。子どもでは余計に難しいのです。

Chapter 2

27

何度か注意するからね

　子ども連れで仲間と集まるとき、不特定多数の人がいる室内などを約束の場所にするのはおすすめしません。子どもはもともと、長時間じっと座っているのが苦手です。走り回って遊びたがるのが普通です。なるべく公園などの、大声を出したり走り回ったりできる場所で集まるほうがいいでしょう。

やむをえず不特定多数がいる室内に行くときは、出かける前に子どもにひと声かけておきます。約束の場所に着く前に、もう一度念押ししてもいいでしょう。

　声に出して読んでみましょう。

「うるさくしたらママが何度か注意するからね。
それでも聞かなかったら家に帰るよ」

　必要に応じて「うるさくしたら」の部分を「買って欲しいってダダをこねたら……」とか、「部屋の中で走り回ったら……」などに変えて活用してみてください。

086

子どもたちは成長するにつれてさまざまな行動をし、いろいろな問題を引き起こします。それが自分の年ごろらしく生きるということです。ところが、そうした行動が親の気持ちを刺激します。それによって**親が気分を損なうのは、実は親自身の解決されていない問題のせいです**。つまり、親自身の宿題なのです。

　子どもの問題行動のせいで自分の感情が抑えられないようなら、それは「自分の宿題」です。自分の宿題が手に負えないからといって、それを子どものせいにしてはいけません。

Chapter 2

28

ごめんなさい。
今日はもう帰りますね

　子どもたちの集まりに行ったのに、今日に限って聞き分けがなく、最初に念押ししたように家に帰る羽目になりました。こんなときは、周りの目が気になるかもしれません。しかし、他の親御さんにはかまわず、**子どもに対して一貫した態度を示さなければなりません**。そうしてこそ、子どもは「ああ、約束はどんなときも守らなきゃいけないんだな」と学びます。

　退席する際に気をつける点は、絶対に人前で子どもをけなしたり怒ったりしてはいけないということです。

　他の親御さんたちにはこう言いましょう。

> 「ごめんなさい。
> 騒いだら帰るって約束していたので、
> 今日はもう帰りますね」

　このようなフレーズはあらかじめ練習しておくといいでしょう。迷いがあるときは、なかなか口に出せないものです。

子どもの問題行動への対処のしかたは、家庭によってさまざまです。それに口出しすることはできません。もちろん、親しい間柄なら、ふだんから自分の教育観を話しておく必要はあるでしょう。「私、自分の子どもがカフェで走り回ったりするのが耐えられなくて。子どもが騒ぎ続けたら、家に連れて帰ることもあるんです」。こう言っておくと、あとで説明をする必要がなくなりますね。

Chapter 2
30

静かにしてくれたから、ママもお話ししやすかったよ

　話すときに大声を出す子どもがいますが、特に理由はありません。ただそのように話すのが癖なのです。このような子どもを相手にしていると、いつの間にか親の声も大きくなっていたりします。

　でも、こんなときは**逆に小さな声で話すほうが効果的です**。小声で、「ママ、ちょっとお話があるんだ……」と言ってみてください。子どもは目を輝かせて、ひそひそ声で「なになに？」と聞き返すでしょう。そしたら、もっと小さな声で言ってみてください。「よく聞いてね」

　子どもは母親の声を聞くため自然に静かになるでしょう。そのとき、こう言ってあげるのです。

「静かにしてくれたから、
ママもお話ししやすかったよ。
ありがとう」

子どもの話し方を変えたいときは、親の話し方から見直してみましょう。子どもの話し方は親によく似るものです。使う単語、口調、声のトーン……。生まれたときから似ている顔とは違い、話し方は生まれたあとでだんだんと似ていきます。親の話し方を一番よく聞いているため、それに似るのです。

　言葉は技術ではありません。そのときの状況に応じてなぜそう話すべきか、親自身が深く理解したとき、初めて子どもから素直に受け入れられる言葉が出るようになります。うまくいかないときは、まずこの本で紹介した言葉かけで練習してみるのもいいでしょう。練習するうちに、子どもの反応がよくなっていくはずです。その結果、**子どもの問題行動が改善されれば、親も育児に自信が持てるようになります。**そうすると親子の心の距離も縮まり、子どもをサポートするための心地よい言葉が自然と口をついて出てくるようになるでしょう。

Chapter 2 30
大好きだよ！ とっても大好き！

　子どもからいきなり、「私（僕）のこと好き？」と聞かれたら、どう答えていますか？　さまざまな理由から、こうした質問をしきりにする子どもがいます。そんなときはニッコリ笑って、「当たり前でしょ！」と答えてあげましょう。

　「なんでそんなことを聞くの？」と聞き返すのはNG。 子どもはただ聞きたくなっただけかもしれませんし、不安や混乱から聞きたくなったのかもしれません。どんな理由であれ、はっきりと答えてあげればいいのです。

　感情を込めて、思い切り言ってあげましょう。

「大好きだよ！　とっても大好き！
心の底から大好きだよ」

なかには人の顔色をうかがう子どもがいます。このような子は、特に自分にとって大切な人の表情が少しでも暗かったり、無表情だったり、怒って見えたりすると、自分のせいだと思ってしまいます。相手が自分に怒っているように感じたりもします。

　子どもが人の感情や気分をある程度理解できるようになるまでは、表情や感情を正確に、はっきりと表現してあげましょう。たとえば、叱るときに厳しく断固とした態度を見せると、自分のことが嫌いなんじゃないかと誤解することもあります。そうならないように、「ママやパパが厳しくするときは、正しいことを教えたいからなの。叱っているわけじゃないよ。怒ってないからね」と何度も伝えてあげましょう。

　また、「ママ、怒ってるの？」と聞かれたとき、ただ適当に「怒ってないよ」と答えて終わらせてはいけません。**あいまいな返事をすると、子どもはずっと気にしてしまうからです。**「うん、ママはちょっと気分がよくないの。でも、○○のせいじゃないからね。さっき電話がかかってきたんだけど、それで悩みごとができちゃって。心配しないで大丈夫だよ」などとはっきり答えてあげましょう。

Chapter 2

31

今日は何か
楽しいことあったかな?

「今日はどう過ごしたのかな?」「何か問題でも起こしていたらどうしよう」。わが子が目の前にいないとき、どうしているのかとても気になってしまうものですね。子どもの生活が気になるのなら、子どもに直接聞くのが一番いい方法です。

しかし、ここで気をつけるポイントがあります。「今日は友達とけんかしてない?」「先生の言うことをちゃんと聞いた?」「宿題はちゃんと出したの?」「給食は全部食べたの?」……。いくら気になっているとしても、**心配事ばかりを聞かないでください**。人は誰しも監視されるのは嫌なものです。自分の失敗も人に言いたくはないですよね。子どもだって同じです。

子どもが一日の出来事を話し始めて、**話のつじつまが合わないとしても、興味深げに「まあ、そうだったの」と相づちを打ちながら聞いてあげましょう**。それでこそ、子どももウキウキとして話してくれます。

話を聞いているうちに、最後まで聞かなくてもそのあとの話に察しがつくこともありますよね。それでも、**「それから○○したんでしょ?」** などと先回りはしないこと。原因や結果は察しどおりでも、その中に予想外の事実が潜んでいることが意外

094

と多いものです。もうわかったと先回りして、それが間違っていたり誤解だったりした場合、子どもに裏切られたような気持ちを与えるかもしれません。**親に対する信頼を失うと、子どもは自分の話をしないようになります。**

なにより子どもが楽しく話せる雰囲気づくりが大切です。そのためには、気軽に話せるような話題から始めるのがおすすめです。

声に出して読んでみましょう。

「今日は何か楽しいことあったかな？」
「ママに面白いお話を聞かせてよ」

「友達の話でもいいよ」とか、「クラスに誰か面白い子いない？」など、他の子の話題に誘導するのも手です。

Chapter 2

32

バイバイ、元気でね。またね

　診察が終わって子どもが出ていくとき、私は手を振って「バイバイ」とあいさつをします。すると子どもたちは、各自の性格によってさまざまなあいさつを返してくれます。シャイな子は軽く会釈だけしたり、目を合わせてニコッとしたりします。手を振り返してくれる子もいれば、大声であいさつする活発な子もいます。

　ところが、このときにあいさつをやり直させる親がいます。姿勢を正し、深く頭を下げさせるのです。気分よく帰れるはずだった子どもは急に気まずそうになり、表情をこわばらせてしまいます。そうして私との出会いの最後の場面が、後味の悪い経験として記憶されてしまうのです。**出会いの最後は、楽しさを心から表現できれば十分です。**手を振ろうが、頭を軽く下げるだけであろうが、気にする必要はありません。

　こんなとき、親が「先生にきちんとあいさつしなさい」と叱ったら、私は「あいさつできてましたよ。私が見てました。よくできたね」と言います。大人に対してしっかりあいさつをする方法を教えることが悪いわけではありません。しかし、**もっと大切なのは、その時間を楽しく終わらせることです。**楽しい出会いがあり、また会いたいという気持ちで別れることが

重要です。

　家に親戚の子などが来たときも同じ。子どもは照れくさかったり、タイミングを逃したりで、うまくあいさつできないこともあります。このとき、みんなの前で「なんであいさつもできないの？」と、とがめないでください。それよりも親が先に、「バイバイ、元気でね。またね」とあいさつしてあげてほしいのです。

　声に出して読んでみましょう。

> 「バイバイ、元気でね。またね」

　別れるとき、私が「バイバイ」と手を振ると、子どもたちはニコッと笑います。そしたら私は、「先生がいいこと教えてあげる」と、唇に指を当てて「チュッ」と投げキッスをします。子どもたちはキャッキャッと笑い、同じように投げキッスをして帰っていきます。

　子どもがあいさつをしなくても、親が状況をポジティブにまとめてあげましょう。形式も大事ですが、いつでも心が一番大切です。

Chapter **2** 私が子どもと同じ年だったころに聞きたかった言葉　097

Column

育児のお話

子育てで大事なのは
エンディング

　食が細い子の話です。母親は、「どうすればもっと食べてくれる
かな？」と悩みに悩んで、新鮮な材料を買っておいしい料理を作り
ました。ところが、料理を出しても子どもは首を振るばかりです。
なだめてようやく一口、二口食べさせたのですが、すぐに「いらな
い」と拒否します。母親はカッとなって、「食べなきゃだめ！」と
強い口調で怒ってしまいました。

　これまで一度も子どもたちと海外旅行をしていないことが、その
父親の心残りでした。そこで一年かけて旅行計画を練り、素敵な旅
行先を選び、プールのあるホテルを予約しました。自分がとてもい
い父親になれたようで、それだけで満足でした。しかし、空港に着
いたときからイライラが始まりました。子どもたちがダダをこね続
けるのです。妻も忘れ物をしたようで、持ってきた物より忘れ物の
ほうが多いような有り様でした。旅行中もイライラは収まらず、空
港を出発して家に帰ってくるまで、ずっと妻とけんかばかり。とう
とう腹立たしさのあまり、「もう旅行なんて連れて行かないから
な！」と怒鳴ってしまいました。

　親は当然、子どもをとても愛しています。常に「何をしてあげよ
うか？」「しっかり育てなくては」という思いでいっぱいです。し
かし、いざ育児のさまざまな場面に出くわすと、最初のその思いと
は真逆の行動をしてしまうことがよくあります。最後には怒りで声

を荒らげることもあります。子どもたちは、まるで映画のワンシーンを記憶するように、その姿が頭に焼き付いてしまいます。なぜ食べないのかと叱った母親の表情や、旅先で怒った父親の言葉をずっと覚えているのです。

　大事なのは、おいしい食事や素敵な場所よりも、明るい太陽の下で母親がニッコリ笑っていた姿、父親とふざけ合って息ができないほど笑った楽しい経験です。それが、「あのときはとても楽しかったな」と、力を得て生きていく糧になるのです。

　育児がうまくいかなくてイライラするときは、こう考えてみてください。

「最初はどんな気持ちで始めたんだっけ？」

「最後をどう締めくくったら、子どもたちにとっていい思い出になるかな？」

　いつでも重要なのはエンディングです。丹精込めて作った料理を子どもが食べてくれなかったとしても、「いいよ、今度また作ってあげるね」と笑って終わりにしましょう。旅先で何かトラブルがあっても、これも子どもたちとのいい思い出になるだろうと気持ちよく帰ってきてほしいのです。子どもは親の最初の思いより、最後の行動を記憶します。そのことを忘れないようにしましょう。

Chapter 2 私が子どもと同じ年だったころに聞きたかった言葉　099

Chapter 3

子どもの心を温かくする肯定の言葉

「私の気持ちをわかってよ!」

あるドラマのヒロインが泣きながら訴えます。

孤独と悲しみで胸を叩きながら、泣き叫びながらへたり込みます。

気持ちをわかってほしいというのは、

思いどおりにさせてくれという意味ではありません。

自分には自分の思いや考えがあることを、

受け入れてほしい、認めてほしいということなのです。

それが愛するあなたのものとは違っても、

あなたにだけは自分自身を尊重してもらいたいのです。

あなたが私を認めてくれるとき、私は一番安心できるから。

「あなたはそんな気持ちなんだね」

そんなふうに理解してあげること、

すなわち相手の存在を肯定することです。

誰かが自分の気持ちを理解してくれれば、気持ちが温かくなります。

小さな肯定一つでも、心には小さな灯火がともります。

その誰かが「親」なら、

いまの私たちでもなんだか気分がよくなります。

もう大人になった私たちでも。

子どもなら、なおさらでしょう。

Chapter 3
33

もうおしまいね。
代わりに散歩でも行こうか?

　子どもがずっとテレビを見ています。まるでゾンビのように
テレビの前に座っている子どもの姿に、親はだんだん怒りが溜
まり、ついに爆発してしまいます。「もうおしまい!」リモコ
ンを手に取り、電源を切ってしまいます。

　テレビを見続ける子、ゲームばかりしている子には、このよ
うな教育方法は効きません。何かに没頭しているときに親に邪
魔をされたら、イライラしたり怒ったりするだけです。いきな
りスイッチを切ってしまうと、反抗もひどくなります。この方
法はその場でテレビやスマホ、ゲームなどをやめさせることは
できても、親の言いつけを守らせることも難しく、間違った行
動を改善させることもできません。そのあとにやるべきことを
気分よくやらせるのも難しくなります。

　まだ幼い子ならテレビのスイッチを切る前にこう言いましょ
う。「もうおしまいね。長く見過ぎだよ。代わりに散歩でも行
こうか?　それとも粘土遊びがいい?」こんなふうに、**テレビ
の代わりになる何かを子どもが選べるようにしてあげます**。選
ばせる遊びは、わが子が特に好きなものにして、その場の状況
に合わせて変えてもいいでしょう。もっと大きい子なら、20
分ほど前に終了時間を予告したあとにやめさせるといいでしょ

う。

　自分でコントロールできない行動について話すときは、**それに没頭している瞬間ではなく、日を改めて子どもがその行動をしていないときにするのが最適です。**

　声に出して読んでみましょう。

「もうおしまいね。長く見過ぎだよ。
代わりに散歩でも行こうか？
それとも粘土遊びがいい？」

Chapter 3 34

弟のことが嫌いなんだね

　子どもがポジティブなことを口にするときは、親として受け入れやすいでしょう。

　でも、ネガティブな感情を見せたとき、それを聞くのは簡単ではありません。ネガティブな話をすると、「そんなこと言っちゃだめだよ」とか、「そんなことを言うのは悪い子だよ」と怒る親もいます。子どもは自分の感情を表現しただけなのに叱られてしまっては、次から自分の考えや感情を正直に伝えられなくなるかもしれません。

　たとえば、**子どもが自分の弟が嫌いだと言ったとき、まずはその気持ちを理解する言葉を言ってあげましょう。**

「ああ、弟のことが嫌いなんだね。
そんなふうに感じたんだね」

こんな親の言葉に、子どもは話し始めるでしょう。そのときには口を挟まず、耳を傾けましょう。

親が子どもと会話するときには、二種類の態度があります。

一つは、愛するわが子があやまった考えを持っていると思うと、不安でしかたありません。早く間違いを教えたくなります。すると、上から押しつけるような言い方になります。「そんなふうに思っちゃだめ。間違った考えだよ」

もう一つは、とにかく勝ちたいと思ってしまう点です。実際、子どもとの会話だけではなく、人間関係全般で常に勝ち負けを重要視する人がいます。その人が自分の話を聞けば、それは勝ちです。より強い言葉を使って、その人を説得しようとします。そうなると、自分が言いたいことだけを言うことになります。

どちらもあやまった会話の代表例です。**「子どもにどんな言葉をかけてあげようか？」よりも先に考えるべきは、「子どもの話をよく聞くこと」です。**子どもの言葉からにじみ出る気持ちを感じて、受け止めてあげましょう。

Chapter 3
35

こうするのがいい方法だよ

　親がしばしばする間違いがあります。子どもの問題行動を指摘しながら、実際に何が正しく望ましい行動なのかは教えてあげないことです。

「だめだよ」と子どもをきつく叱っておきながら、「こうすればいいんだよ」と教えてあげない親が意外に多いようです。やってはいけない行動だけを指摘し、代わりにどう行動すればいいかを教えなければ、子どもはまた同じような状況に置かれたとき、どう行動していいかわかりません。また同じ間違いをしてしまうかもしれません。

　叱る前に、「どうすれば子どもが理解しやすいように、優しく丁寧に教えてあげられるのだろう？」と考えてみましょう。そうすれば、叱るだけで終わってしまうことはないはずです。子どもも、同じ間違いを繰り返さない方法を学ぶことができます。

　この言葉を覚えてさえおけば、さまざまな状況で活用できるでしょう。

　一つずつ、ゆっくりと声に出して読んでみてください。

「こうするのがいい方法だよ」
「こうするといいかもね」
「次はこうやってみてね」

Chapter 3

36

分け合って食べたいな

　子どもがきょうだいや友達とおもちゃを譲り合って遊べないときや、食べ物を分け合えないとき、一つのものを他の子と一緒に使えないとき、親は「どうしてそんなに意地悪なの？　なんで自分のことしか考えられないの？」と叱ります。ですが、実はこれらの行動は子どもなら当たり前のことなのです。

　特に3〜5歳くらいの子なら当然のこと。この年齢の子どもは、まだ自己中心的な思考から抜け出せていない時期なので、相手も自分と同じことを考えていると思ってしまいます。自分が好きなことは相手も好きだろう、自分が気に入っているおもちゃなら相手もそうだろうと考えて、そんな行動をとるのです。

　こう言うと少し荷が重く感じるかもしれませんが、こうした「価値」に関わる問題については、親がよい手本になりましょう。子どもは聞いたことより見たことからよく学ぶもの。厳しくしつけることで「分かち合い」や「共有」について教えようとするのは、矛盾にほかなりません。無条件に言うことを聞かせようとするのは、一種の「独裁」です。

　叱るより先に、友情を大切にし、他の人と助け合い、分かち合うことがどれほど人生を豊かにしてくれるのかを感じさせましょう。直接体験する機会を頻繁に作ってあげるのが一番です。

それは家の中でも簡単にできます。たとえばパンを買ってきて、「これ、ママが一番好きなパンなの。とってもおいしいよ。ママはこのパンを分け合って食べたいな。ひと口食べてみる？」と誘います。**親が楽しそうに何かを分け合う姿を見せれば、子どもも徐々に分かち合いの概念を理解し、学んでいきます。**

声に出して読んでみましょう。

「このパン、本当においしいよ。
ママはこのパンを分け合って食べたいな」

> Column

育児のお話
「悪い言葉だよ」より、「こう言ったほうがいいよ」

　神経過敏で感情表現がうまくできない、5歳の男の子の話です。ある日、保育園の先生に「バカ！　先生なんか死んじゃえばいいんだ！」と言ってしまいました。その前に、その子が傷つくようなことがあったようです。こんなときは、子どもにどんな言葉をかけてあげればいいのでしょうか。

　私はその子にこう尋ねました。「〇〇くん、最近、保育園の先生によく注意されてるんだって？」その子が聞きました。「注意って何？」
「たとえば『〇〇くん、だめだよ』と言われたり、何回も名前を呼ばれたりすること」
　〇〇くんは「う〜ん……」と言葉を濁します。
「何か嫌なことでもあったの？　先生に『バカ』って言ったって？」
　〇〇くんは小さな声で「……うん」と答えると、いきなりこう聞きました。「先生、僕は悪い子なの？　ママが言ってたけど、悪い言葉を使うと悪い子になっちゃうって……」
「ううん、悪い子じゃないよ。先生に『バカ』って言ったのは『気分が悪いです、先生に怒ってます』って意味だったんでしょ？」と聞くと、「うん」と答えます。
　そこで私は、「人は気持ちを伝えないといけないの。怒ったときは怒っていると、相手にうまく言ってあげないといけないの。そうすれば相手もわかってくれるよ。そんなときは、『僕、気分が悪い

です。先生に怒っています』って言ってね。『バカ』って言うより、もっといい方法なんだよ」と教えました。

　すると○○くんは、「じゃあ、先生に怒ったときは『バカ』って言わずに、『僕、気分が悪いです。先生に怒っています』って言うの？　それがもっといい方法なの？」と聞き返しました。

　「そう、『バカ』って言われたら、誰でも嫌な気持ちになるよ。○○くんは先生が本当にバカだと思って『バカ』って言ったわけじゃないでしょ。『先生なんか死んじゃえばいいんだ！』って言ったのも、『僕は先生のせいでとっても悲しいんです』って意味だよね？」

　○○くんは目に涙を浮かべ、「うん！」とうなずきました。

　「そんなときは、『先生のせいで本当に悲しいんです』って言えばいいの。それが『死んじゃえばいい』よりもっといい言い方だよ」。

　○○くんはまた聞きます。「『死んじゃえばいい』って言ったら、僕は悪い子になるの？」

　「ううん、悪い子にはならないよ。でも、『先生のせいで悲しいんです』って言うほうがもっといい方法なの」とまた説明してあげました。

　「悪い言葉だよ」と決めつけてしまうと、子どもの感情をこめた言葉が抑えつけられてしまいます。それでは子どもの気持ちに近づく道が塞がれてしまうのです。気持ちに近づくことができなければ、その状況を通して何かを教えることもできません。ですから「悪い言葉だよ」より、「そういう言葉は相手を傷つけちゃうかもしれないよ。だからこうやって言うほうがもっといい方法だよ」と教えてあげることが大切です。

Chapter **3**　子どもの心を温かくする肯定の言葉　111

子どもが過激な物言いをすることはすすめられませんが、「悪い言葉だよ」と言ってしまうと、子どもはその言葉を使えなくなります。そうなると、その言葉で表していた否定的な感情を処理する方法を学べなくなってしまうのです。否定的な感情を言葉で表現できないと、そのような感情を抱いたときに怒りが爆発したり、暴力的な行動をしたりするかもしれません。なんでも言葉で表現して、言葉で解決するように教えなければいけません。そうするには、「だめだよ」と言って禁止するより、「このほうがあなたの気持ちを表現するのにもっといい方法なんだよ」と、代わりに使える別の表現方法を教えてあげることが効果的です。

Chapter 3

37

もうやらないよ。
本当にごめんね

あるパパが、娘がかわいくてしきりに抱きしめたくなると言います。ところが、いつからか抱きしめようとすると、娘から「パパ、嫌！」と押しのけられるようになりました。娘がかわいいから抱きしめようとしただけなのに、どんなに困惑したことでしょう。

そんなパパの困惑や寂しさを理解できないわけではありませんが、こんなとき、怒ったりひがんだりしてはいけません。娘の反応は別に間違っていないからです。子どもがやめてと言ったら、残念でも「そうか、ごめん」と引き下がりましょう。そして、優しい声でこう言ってください。

声に出して読んでみましょう。

「〇〇のことが大好きだから抱きしめたかったんだ。
でも、嫌ならもうやらないよ。
本当にごめんね」

親にはそんな意図がなくても、子どもが嫌だというのならやらないのが正解です。悪意を持ってしたことではなくても、相手が嫌ならやらないのが、その人を尊重するということです。

親としてのプライドが傷ついて、子どもの反応を軽視したり、やめてと言われても何度も同じことをしようとしたりする人もいます。なぜなら親である自分が子どもの言うことを聞くと、負けたような気がするからです。ですが、そうした行動は親子関係を壊す原因になりかねません。

Chapter 3

38 そう思わないのは
なんでかな?

　自己肯定感と自信は、何が違うのでしょうか?　自信とは、ある状況に直面したときに、「自分ならやれるはずだ」という自分の能力に対する価値基準です。たとえば、特技の発表会のような場でダンスを踊るようリクエストされて、「私はダンスにはあまり自信がなくて……」と答えるのは、自信の有無の問題です。一方、そこで「ダンスは無理だけど、歌なら歌えます」と答えられるなら、それは自己肯定感の表れです。ダンスはできなくても、自分が価値のない人間だと思わないということです。

　人生を生きるうえで最も重要なのは、この「自己肯定感」です。それは、自分の姿を正しく知り、自分をありのまま受け入れることから生まれます。得意なことと苦手なこと、強みと弱みを自分でしっかり把握してこそ、自己肯定感が高いといえます。そういう子どもは、どんな状況でも、誰の前にあっても、萎縮することがありません。自己肯定感が高ければ、自信がないことでも「自信を持って」認めることができます。

　子どもの自己肯定感を高めるには、達成したことや結果だけに目を向けるのではなく、子どもの思いや要求にしっかり反応してあげることが重要です。いまからでも、子どもを心から尊

116

重してあげましょう。

　子どもを尊重するための、一番簡単な会話の方法はなんだと思いますか？　子どもが「そう思わないけど」と言ったら、「そう思わないのはなんでかな？」と優しく聞き返すことです。

　声に出して読んでみましょう。

> 「そう思わないのはなんでかな？」

Chapter 3

39

そう？
聞こえてなかったのかな

　確かに伝えたはずなのに、子どもが「聞いてない」と言い張ることがあります。こんなときつい、「ちゃんと言ったのになぜ聞いてなかったの」と言ってしまいがちですが、こう言ってしまうと、本来したかった話ができず、子どもとの言い争いになってしまいます。こうした不毛な会話は気分が悪くなるばかりで、お互いの役に立ちません。

　こういうときは、「そう？　聞こえてなかったのかな」と寛大に認めてあげましょう。親が確かに伝えていても、子どもはさまざまな事情で本当に聞こえていなかったのかもしれません。そのあとに、「次に大事な話をするときは、もう少し大きな声で言わなきゃね。そうすればよく聞こえるでしょ」と、子どもに聞こえてなかったという話を改めて正確に伝えてあげればいいのです。

　声に出して読んでみましょう。

「そう？　聞こえてなかったのかな。
次に大事な話をするときは、

118

もう少し大きな声で言わなきゃね」

　子どもの日課についても同じです。毎日やることなので、親は当然のように言わなくてもやっただろうと思い込みます。しかし、子どもはやっておらず、「やってとも言ってないのに、なんで怒るの？」と不平を言います。そんなときも、**「あれ、毎日やってって言わなかったっけ？　忘れやすくってごめんね。明日からは毎日やってね」と言いましょう**。自分のあやまちを先に認められるのが、立派な大人というものです。

Column 育児のお話

全体的には「間違い」でも、「一部分」の正しさを認めてあげましょう

　幼稚園から帰ると、テーブルの上にママが焼いたクッキーがあります。子どもはすぐにクッキーをつまんで口に入れようとしますが、ママが「だめ！」と叫びます。「家に帰ってから手を洗わずに物を食べてはいけない」という決まりにこだわっているからです。

　学校から帰ったらすぐに塾に行くと言っていた子どもが30分も遅刻しました。塾から電話がかかってきましたが、子どもとは連絡がつきません。あとで話を聞くと、友達がなくした携帯を一緒に探していて遅れたと言います。ですが親は、「自分のやるべきことをまず考えなさい。すぐ塾に行くって約束したでしょ」と叱ります。

　いずれも正しい言い分です。しかし、親がそう言ってしまうと、子どもは何も言えなくなってしまいます。だから正直に言わずに、言い逃れをしたりするのです。絶対的に正しいルールを親から突きつけられると、子どもは自分の考えや要求を気安く口にすることができなくなります。では、どう言えばいいのでしょうか？

　手を洗わずにクッキーを食べようとするときには、「すぐに食べたいんだね」と認めてから、ママがクッキーをつまんで口に入れてあげるか、ウェットティッシュで手を拭かせてから食べさせて、あとで手を洗わせればいいのです。

　歯を磨いたり手を洗ったりするのは健康のためですから、それは教えるべきです。ただ、子どもがクッキーを食べたい気持ちも間違っているわけではありませんから、その正当性は認めてあげましょう。

塾に遅れた子どもも同じ。友達の携帯を一緒に探してあげたのは正しい行動です。その部分は認めてあげて、また同じような状況になったら、どうしたらいいのかを教えてあげればいいのです。

　子どもは成長過程で常に問題を起こします。ですが、それは病的なものではありません。人はみな違います。出くわす問題もさまざまです。親がこうした問題をすべて解決することはできません。全体的には子どもが間違っていたとしても、部分的には子どもの言い分が正しいこともあります。その部分を認めてあげるだけでも、問題の解決はずっと容易になります。

「部分的」に正しいのは、子どもの気持ちのときもあれば、行動である場合もあります。たとえ小さな部分でも、子どもに正当性があるなら、「そんな気持ちになることもあるよね」「その判断は正しかったよ」「よくやったね」と認めてあげましょう。そうすれば、子どもの自己肯定感が高まり、次から親の言うことを受け入れやすくなります。

Chapter 3

40

残りは一緒に使うんだよ

　家に遊びに来た友達が自分のおもちゃを触ると、とても嫌がる子どもがいます。一緒に遊ばせようとせっかく友達を呼んだのに、子どもがこのような態度をとると親は困ってしまいますね。こんなとき、「そんなことすると友達に嫌われちゃうよ。誰も一緒に遊んでくれなくなるよ」とは言わないようにしましょう。「じゃあ一人で遊ぶ」と答える子どもは意外と少なくありません。

　おもちゃを友達と共有するのを嫌がるのは、必ずしも欲張りだからではありません。不安のせいである場合が多いです。不安感が強い子にとっては、自身と他人との境界線がとても重要です。他の子が自分のおもちゃを触るという行為が、自分が決めた境界線を踏み越えるのと同じに思えてしまうのです。このような子には、こう伝えてあげましょう。

「**自分のおもちゃの中で、
友達に絶対に触ってほしくないものってある？
それは他のところに置いておこうか。
残りは一緒に使うんだよ。**

遊び終わったら必ず返してくれるからね」

　友達と一緒に遊ぶ楽しさをわかってもらうには、「子どもの境界線」を尊重してあげる必要があります。友達が遊びに来る前に、子どもの境界線を尊重しながら折り合いをつけましょう。一緒におもちゃを使ってもいいと納得してから、友達を呼びます。　境界線の範囲を、子どもが許せる範囲に狭めてあげるのです。友達が遊びに来たときには、約束は必ず守りましょう。友達によくしてあげようと約束を破ってしまうと、子どもはもっと自分の物にこだわって独占しようとします。

　それでも子どもが納得しないときは、**遊びに来る子のママに、事前に事情を説明しておき、その子におもちゃを一つ二つ持たせるように頼んでください。**子どもがいる人なら、みんな理解してくれるでしょう。友達だけでなく自分の子どもも傷つかずに遊ぶことで、初めて楽しさを感じることができます。さまざまな経験から、境界線を守りながらも友達と楽しく遊べることを学べれば、子どもの行動も少しずつよくなるはずです。心配はいりません。

Chapter 3
41

この前より早く泣きやんだね

　いったん泣き始めると一日中ぐずっている子が、今日に限ってなぜかすぐに泣きやみました。そのとき**言ってはいけない言葉はこうです。「今日はどうしたの？」「ほら、我慢できるじゃない」**。子どもが泣きやんだら、そのまま様子を見ましょう。ただ、前は泣きやむのに30分かかったのに、今回は15分で泣きやんだなら、優しく褒めてあげてください。

　声に出して読んでみましょう。

> 「この前より早く泣きやんだね」

　子どもは毎日のように変化します。一時間、一日、一週間ごとに成長していきます。毎日少しずつ成長して、毎日違う子になります。毎日成長するから、育児は常に難しいのです。
　だから、**毎日のように起きる問題行動よりも、昨日よりほんの少しでもよくなった点を見つけて褒めてあげましょう。**そのほうが叱るよりも効果的ですし、親の精神的な健康にもずっと

よいはずです。

Column 育児のお話
「何回言えばわかるの?」の意味

「いったい何回言えばわかるの?」
子どもにこう叱ったことがありますか?

この言葉は、子どもの問題行動が改善しないときによく使われます。私たちはこの言葉を使えば、子どもがサッと変わってくれるように思います。しかし、子どもというのは、何度も噛んで含めるように教えないと学んでくれません。また、子どもには試行錯誤する権利を与えてあげるべきです。

子どもは親が言う言葉の意味を理解しても、一日や二日で行動を変えるのは容易ではありません。大人と違い、自分なりの方法で習得する過程が必要なのです。その過程は、親が考えるよりもずっと時間がかかります。何回も繰り返し言わなければいけないのは、当たり前なのです。

「いったい何回言えばわかるの?」という言葉は、子どもが見せた反応に対して親が気に入らないときに使う言葉です。理解しただろうと思ったのに反応がなかったり、「はい」という返事がなかったりしたときに使います。つまり、感情を強要しているのです。親の望みどおりに反応するように言っているのですから、攻撃の言葉だと言ってもいいでしょう。

さらに言えば、これは非常に親の自己中心的な言葉だとも言えま

す。もしかすると、子どもは親の言うことを理解できていなかったのかもしれません。親が3回言えば十分だと思っていても、子どもには20回聞く必要があるかもしれません。試行錯誤を何回繰り返せば学べるのかは、教える人が決めることではなく、学ぶ子どもに合わせることが大切です。ですから、「私がこれだけ言ったのに、なぜ理解できないの?」という意味を持つ、「いったい何回言えばわかるの?」という言葉は、子どもの事情を一切配慮していないものになってしまいます。

この言葉が口に出そうになったら、少し時間をおきましょう。深呼吸をして、落ち着いた声でこう言ってあげてください。「まだ難しいかな。もう一回教えようか?」

Chapter 3

42

そうだね、早く食べられたね。 えらいよ

　口答えに関する話です。ママが子どもに言います。「最近、 幼稚園で先生に絵本を読んでもらうとき、一人だけ違うところ にいるし、ご飯を食べるのも遅いし……」。すると、子どもが 途中で口を挟みます。「そんなことないよ。最近はご飯も早く 食べてるよ」。このとき、「何言ってるの。昨日も食べるの遅 かったでしょ」などと言ってはいけません。子どもが、「うう ん、ちゃんとやってるよ」と言ったら、**「そうだね、ちゃんと できてるね」**と認めてあげるのが**賢明なやり方です**。そうすれ ば口答えが癖になることはありません。まずは認めてあげてか ら、もともと言おうとしていた話を続けるのがいいでしょう。

　声に出して読んでみましょう。

　　「そうだね、早く食べられたね。えらいよ」

幼児期には特に口答えをする子が少なくありません。子ども の言語能力が未発達で、話の脈絡全体を把握しきれないからで

す。だから単語一つにこだわって、話の流れを切ったり、次から次に言い返したりするのです。

　こういうときは指摘しないようにしましょう。指摘していると、親は子どもの口答えに巻き込まれて、もともとしようとしていた話を忘れてしまいます。子どもは余計に敏感になり、言葉尻をとらえていちいち反応し、さらに口答えが増えてしまいます。

Chapter 3

43

やればできるじゃない

　なんでも尻込みしてしまう子がいます。失敗を恐れて、やれることだけやろうとするのです。もともと完璧主義だったり、失敗することを恥ずかしがるせいだったりします。それは一種の不安からくるものです。

　人から見られることや、何か新しいことをやることに不安を抱く子は、うまくやらなくちゃという気持ちが強い傾向にあります。 そういう子に対しては、親はデリケートに接しましょう。褒めすぎても、褒めなさすぎてもいけません。褒めるべき場面では、軽く「よくできたね」とか、「やればできるじゃない」といった程度がいいでしょう。むやみに褒めすぎると、次に同じことをするとき、前ほどうまくできないかもしれないという気持ちから、二度とやろうとしないこともあります。

　はっきりした口調で、ゆっくり読んでみましょう。

「やればできるじゃない」

130

常に結果よりは過程を褒めるようにしましょう。過程の中で子どもが苦労したところを見つけて、そこを具体的に褒めます。

　もちろん、結果を褒めてもかまいませんが、結果ばかりを褒めていると、うまくいかなかったときに親に認めてもらえないと思うかもしれません。

　たとえば、子どもがテストで100点をとってきたとします。「すごい！　かっこいいね」と褒めるより、「100点をとってママはとってもうれしいよ。ミスしないでしっかり問題が解けたってことだもんね」と言ってあげたり、「さすがパパの子だ！」と褒めるより、「いい点数がとれたね。今回はすごく頑張って勉強してたからね」と褒めてあげるほうがいいでしょう。

Chapter 3

44

わあ、面白そうだね。
ママは何をしたらいいかな？

　子どもとどうやって遊べばいいかわからない、と言う親は少なくありません。診察の際に親子が一緒に遊ぶのを観察することがありますが、まったく遊び方を知らない親もいれば、子どもを無視して一人で遊ぶ親もいます。

　子どもとの遊び方には、簡単に二つのポイントがあります。一つめは、**子どもの後ろについていくこと**です。二つめは、**知らないことは子どもに聞くこと**です。何をして遊ぶか決めるときも、子どもに十分に考えさせて、主体的に選ばせるといいでしょう。おもちゃを選んできて、「ママ、一緒に車で遊ぼう」と言ったら、「わあ、面白そうだね。ママは何をしたらいいかな？」と答えてあげましょう。このとき、**「それは面白くなさそうだよ。他のおもちゃで遊ぼう」**という反応は禁物です。遊んでいてわからないことがあれば、「こういうときはどうするの？」と子どもに聞きましょう。**親は「遊び」という船に乗った乗客、船長は子どもです。**この点を忘れないでください。

　一緒に遊んでいて、子どもがおもちゃの使い方がわからなかったら、ひとり言で「ああ、こうすればいいんだ」という具合に、船長の顔を立てて賢く教えてあげてください。

声に出して読んでみましょう。

「わあ、面白そうだね。ママは何をしたらいいかな？」
「こういうときはどうするの？」
「ああ、こうすればいいんだ」

Chapter 3

45

ごめん、嫌だったんだね。もうやらないよ

　ときどき、子どもと一緒に遊んでいて泣かせてしまうパパがいます。ボール遊びをしていて、子どもにボールをぶつけたり、おもちゃの剣で子どもを刺すまねをしたり。子どもが怖がっているのに、恐竜やワニのぬいぐるみで噛むまねをしながら飛び掛かります。子どもが「やめて！」と怒っても、面白いので「ごめん」とあやまりながらその行動を繰り返してしまうのです。

　いくらかわいくても、このようなことをしてはいけません。パパは楽しいかもしれませんが、子どもが嫌がる行動をしてはいけません。たとえ遊びでも、そこには子どもへの尊重の気持ちを持ちましょう。子どもが嫌がったら、「ごめん、嫌だったんだね」と言ってあげてください。

　声に出して読んでみましょう。

「ごめん、嫌だったんだね。もうやらないよ」

子どもと遊ぶときは、度の過ぎたいたずらやからかいすぎで怒らせたり、泣かせたりしないようにしましょう。 子どもにとって気分がいいものではありません。また、自分が勝てないまま遊びがうやむやに終わってしまうと、気持ちがスッキリしません。子どもは親に勝てないままだと、自分をからかって怒らせた行動に割り切れない思いを持ち続けてしまうでしょう。だからむきになって勝とうとするのです。からかわれた揚げ句に負けっぱなしだと、プライドが傷つきます。遊んだというより、一方的にしてやられたと思うこともあります。

ですから、子どもと遊ぶ際にからかうのは絶対にやめましょう。からかって子どもの反応を見て楽しんだり、泣くのを見て笑ったりする大人もいますが、子どもは大人のおもちゃではありません。**子どもでも、自分のプライドを尊重してくれない人を尊敬することはありません。**

Chapter 3　子どもの心を温かくする肯定の言葉

Column

育児のお話

子どもの話を
最後まで聞きましょう

　今日は子どもの話をどれほど聞きましたか？　目を閉じて思い出してみましょう。

　子どものことを知りたいですか？　ならば、子どもの話を遮らないでください。子どもが食ってかかるように言っても、最後まで聞いてください。態度だけを見るのではなく、言葉の内容を聞いてください。

　子どもが口を閉ざしてしまえば、子どもを理解することはできません。子どもの問題に到達できる道を失ってしまうのです。そうなると教えることもできません。反抗したり口答えしたりすることより、話せるのに話さないこと。それこそが最も深刻な事態です。

　『窓ぎわのトットちゃん』（黒柳徹子 著、講談社）を読んだことはありますか？　トットちゃんはまだ小学1年生だったとき、落ち着きがないという理由で退学になり、以降、「トモエ学園」という学校に通うことになります。この本は、その学校での思い出を記録したものです。トモエ学園での初日、校長先生はトットちゃんに、話したいことを全部話してごらんと言います。そして、なんと4時間ものあいだ、トットちゃんの話を聞きます。あくび一つすることなく、退屈な表情を浮かべることもなく、話の続きを早く聞きたいとでもいうように、身を乗り出して耳を傾けました。

話し終えたトットちゃんは思います。
「生まれて初めて、とてもいい人に会えた気がする」
「この人とずっと一緒にいられたら幸せだろうな」
　自分の話に心から耳を傾けてもらうとき、子どもはこう感じるのです。

Chapter 3

46

何があったの？

　激しいきょうだいげんかの場面。どちらかがケガをしそうな勢いです。こんなときは、どちらかの味方をすることなく、「やめなさい」とけんかを止めましょう。

　けんかを仲裁するときは、その場で判決を下してはいけません。いくら公平でも、どちらかの子が悔しい思いをします。あやまちを犯した子を叱ってもいけませんし、両方を叱ってもいけません。**一人ずつ部屋に連れて行き、「何があったの？」と事情を聞いて、教え諭すことを一つずつ話してあげましょう。**

　声に出して読んでみましょう。

　一つめの言葉はきっぱりとした口調で、二つめの言葉は柔らかい口調で、言ってみてください。

「やめなさい」
「何があったの？」

　子どもたちがけんかしたとき、知っておいてほしいことがあ

138

ります。たとえば、弟が1歳で兄が3歳。あるいは、妹が2歳で姉が5歳。これらのケースでは、きょうだいはどちらも幼児期に属します。**上の子のほうが下の子よりも聞き分けがよいはずだ、とは思わないようにしましょう。**発達段階でみれば似たり寄ったりの年齢です。「何があったの？」と聞いて、子どもに何か注意しようとするときも、そのことを忘れないでください。

　また、何をするにも、ことあるごとにけんかするきょうだいはいます。こうした場合は、その場でのことだけが原因ではない可能性が高いです。**表向きはきょうだいげんかに見えても、真の問題は親との関係にあることが多いのです。親に対して何か不満を抱えていて、それがきょうだいげんかにつながることがあります。**

　幼い子は人自体を嫌うことはありません。まだそれができるような年齢ではないからです。それよりも、その人との関係の中で経験した出来事を嫌います。嫉妬も同じ。結局、このような経験は、親との関係がカギとなります。親とのあいだでポジティブな関係が築ければ、きょうだいの関係もよくなるでしょう。

Chapter 3

47

しっかり覚えて、
自分の力でやるんだよ

　子どもが年長になっても箸や鉛筆がうまく持てないとき、た
まにこんなふうに言う親がいます。「年長にもなってこんなこ
ともできないなんて。パパは４歳のころには箸の正しい持ち方
を知っていたぞ」

　子どもに刺激を与えて発奮させようと思ってのことでしょう
が、むしろこんなときは親の失敗談を話してあげたほうが効果
的です。自分もこのようなことで困っていたけど、こんなふう
に考えて、こうやってうまく克服できた、という具合に話して
あげると抵抗なく学べます。

　何かを教えるときは、このように言ってください。
　声に出して読んでみましょう。

> 「パパが教えてあげるから、よく見ててね。
> しっかり覚えて、自分の力でやるんだよ」

フォークや箸の使い方が苦手なら、子どもの手を取って教え

140

てあげましょう。服を着るのが苦手なら、「よく見てて。ここの穴に手を通すんだよ。ここをしっかり見ないと手が変なところに入って、時間がかかっちゃうからね。自分で一度やってみて」

　子どもが何かをうまくできないでいるときは、親は言葉に気をつけましょう。無意識に子どもを非難したりバカにしたりするような言葉を使うと、子どもたちはプライドを傷つけられ、自信を失ってしまいます。

Chapter 3
48

色を混ぜたから、もっとよくなったね

　子どもが絵を描いて、「ママ、見て。上手に描けたでしょ」と見せにきたら、「本当だ。すごく上手だね！」としっかり褒めてあげましょう。中途半端に「うーん、そうだね。でも、ここをしっかり塗ったほうがいいよ」などと言うと、子どもはがっかりしてしまいます。常にまず、子どもがやったことを十分に認めてあげることが重要です。

　親の目から見て足りない部分があっても、とにかく最初は褒めましょう。 子どもの気分に合わせて褒め方も考えます。そして、褒めるときはできるだけ具体的に褒めましょう。たとえばこんな具合です。

> 「わあ、うまく描けたね。
> 色を混ぜたから、もっとよくなったね。
> すごい、本当に上手だね」

　親が褒めることで子どもの中に基準ができます。「あまり褒めると天狗になってしまわないか」「褒められ依存症にならな

いだろうか」。そんな心配をして、褒めることをためらう親もいます。しかし、**何がよいことかというフィードバックがないと、子どもは自分の中に基準を作ることができません。**

　たとえば、大人でも自分なりにおしゃれをして出かけたとき、友達から「その服似合ってるね」と褒めてもらうと、「そうか、こんなスタイルが自分には似合ってるんだ」という基準ができます。子どもも同じです。数学の点数が少し上がったとき、先生から「この前、こうやって勉強してたから実力が伸びたんだよ」と褒めてもらうと、「勉強はこうやってやるんだな」と基準ができます。

　小学生までの子どもは、褒められるために何か言ったり行動したりすることがよくあります。そうして**褒められた経験を積み重ねることで、「こうやってやればいいんだ」とか、「自分にはできる」と思えるようになるのです**。すると、褒められなくても自主的に行動できるようになり、少しずつ成長していくのです。

Chapter 3
49

そうだよ、聞かなくてもいいんだよ

　ほんの些細なことまで自分で決められず、いちいち親に聞く子がいます。「ママ、お水飲んでもいい？」「パパ、トイレに行ってもいい？」「ママ、これ食べてもいい？」……。あまりに自分勝手なのも問題ですが、このように自分の身の回りの些細なことまで自分で決められないのも困りものです。ですが、もしかすると自分で何かをやりたくても、失敗したらと念を押して何度も聞くのかもしれません。

　私の診察室のデスクには、ジュースが用意してあります。子どもから「先生、これ飲んでもいい？」と聞かれると、「いいよ、そのために置いてあるんだから、自由に飲んでね。もっと飲んでもいいし、好きな味じゃなかったら残してもいいからね。次からもそうしてね」と答えます。「もっと飲んでもいい？」と聞かれたら、「さっき先生がなんて言った？」と聞き返し、子どもが「もっと飲んでいいって」と言ったら、「そうだよ」と答えます。このように対応してあげると、あることについての基準ができます。自分が決めたことが、相手に受け入れられる経験も積むことができます。

　家庭でも、当たり前のことについて子どもから許可を求められたら、こんなふうに対応しましょう。「ママ、お水飲んでも

いい？」と聞かれたら、「あなたはどう思う？」と聞き返します。子どもが「喉が渇いたら飲んでいいんだよね」と答えたら、「そうだよ、聞かなくてもいいんだよ」と言ってあげます。

　このとき、単に「うん、いいよ」と言ってしまうと、親が決めたことになってしまいます。**子どもが自分でしてもいいことに関しては、子どもが最終的に決定できるよう会話を誘導してあげましょう。**

「あなたはどう思う？」
「そうだよ、聞かなくてもいいんだよ」

Chapter 3

50

また今度やってみようね

　子育てする親たちにとって最初の大きな課題は、おそらく生後5〜6カ月ごろから始まる離乳食でしょう。そして、次の大きな課題は、生後18カ月になったころのトイレトレーニングになると思います（子どもによって個人差があります）。この大きな課題の前で、親は誰かに尋ねたり、調べたり、各種のアイデア商品を買ったりしながら苦労します。そのおかげで子どもも健やかに育つのでしょう。

　課題が難しくなるにつれ、必ず覚えておくべき言葉があります。それは、「また今度やってみようね」です。いくら賢い子どもでも、このような課題はなかなかクリアできません。ですが、親のほうは子どもの失敗を残念がります。子どもが失敗するたび、思わず「また失敗？」とネガティブな反応をしてしまうことも多いでしょう。そうすると子どもはストレスを受けて、むしろ余計に時間がかかってしまいます。**「早く成功させたい」と願うより、「結局はうまくできる」という気持ちが大事です。**

　なんでも初めて経験することだらけの子どもは、幾度となく多くの失敗をします。このときに必要なのが、「また今度やってみようね」という親の励ましです。

　急がなくてもいいのです。**子どもの「次」を認めてあげて、**

常に「次」があるということを教えてあげましょう。育児のいろいろな場面で、ことあるごとにこの言葉を言ってあげてください。

　声に出して読んでみましょう。

「また今度やってみようね」

Chapter 4

耳で話す言葉、口で聞く言葉

子どもが話せるようになると、親はつい欲張ってしまいます。
子どもにとってよいとされる言葉なら、
なんでも言ってあげたくなるからです。
その気持ちも愛情の表れですが、
それは言葉の中身よりも量を重要視したものです。
言いたいことを最後まで吐き出さないと気がすまないからです。
結局、それは子どものためというより自分のためです。

よいとされる言葉をすべて聞かせれば、
よい子になるというわけではありません。
言葉は口先だけのものではありません。
黙って聞いているだけでも、それは会話なのです。
まばたき、うなずきなど、その姿勢だけで、
実に多くの問題を解決できたりします。

子どもと一緒に遊んであげるのはとてもいいことです。
しかし、ときには親が子どもに寄り添って見守るだけでも、
子どもは胸の奥深くまで温かくなり、満たされたりもします。

言葉とはそういうものです。
言葉が話すためのものではなく、聞くためのものであるとき、
より深い真実の心が伝わることもあるのです。

Chapter 4

51

大変なときもあるでしょ？

　子どもを観察していて、**あなたの子どもが「我慢強い」タイプだと思うなら、幼稚園や保育園に通い始めたとき、子どものストレスに気をつけましょう。**

　同じクラスにやんちゃな子がいると、我慢強い子は本当に苦労します。他の子をいじめたり、おもちゃを取り上げたりする子の存在がストレスになるからです。

　普通の子なら、怒って声をあげたりけんかをしたりすることでストレスを発散します。でも、我慢強い子はグッとこらえるため、ストレスが溜まっていきます。

　また、我慢強い子は適応が早いと思われがちです。こういう場合、親は半日クラスから一日クラスに切り替え、子どもが園にいる時間を増やしてしまいがちですが、するとこれまでちゃんと通えていた園や、遊び場にも行きたがらなくなることがあります。

　このとき、子どもには二つの心理があります。**「おとなしく我慢していてもどんどん大変になるだけだし、もう全部嫌になっちゃった」という気持ちと、「自分もわがままになったほうがまし」という気持ちです。**

　何も言わないからといって大丈夫とは限りません。子どもが

我慢強いタイプならば、つらいことはないか、嫌なことはないか、よく観察して、たびたび聞いてみましょう。

　子どもに聞くときにはコツが必要です。「幼稚園に通うの、大変じゃない？」と聞いても、ほとんどの子は「そんなことない」と首をふります。なので、このように聞いてみましょう。

「幼稚園、楽しいでしょう。
でも、たまには大変なときもあるでしょ？」

　子どもの話を聞いて、大変そうに感じたら、数日間休ませてもいいでしょう。一回休ませると休み癖がついてしまうのでは、と不安になる気持ちもわかりますが、心配無用です。癖というのは一回だけでつくものではありません。

Chapter 4

52

それでも叩いちゃだめだよ、嫌だって言いなさい

　何か気に入らないことがあったとき、友達を叩いてしまう場合があります。キッズカフェに行くとき、パパと「今日は絶対に友達を叩いちゃだめだよ」と約束をしました。しかし、子どもはまた友達を叩いてしまいました。

　このとき気をつけたいことは、「約束を破ったから帰る」と言わないことです。約束とは、とても難しい概念ですが、こんなときに何を言うべきか、もうおわかりですね。「友達を叩いちゃだめだよ」です。

　しかしよく見ると、子どもにも事情がありました。子どもが遊んでいたおもちゃを、友達が取ってしまったようです。そんなときは、こう教えるといいでしょう。

「友達を叩いちゃだめだよ。
おもちゃを取られて悔しいよね。
それでも叩いちゃだめだよ、
嫌だって言いなさい」

やってはいけない行動を続けるとき、一番重要なのは、その子がいつ、どうしてその行動をとるのかをよく見て、理解することです。 理解するとは、「そうしたくもなるね。叩いて当然だよね」と無条件にその行動を認めることとは違います。まずは親が状況を把握してこそ、子どもにも納得のいく具体的な代案を考えることができます。

実際、子どもにとって可能な問題解決の方法が、「叩く」だけの場合もありえます。問題が起きるとどうしていいかわからず、その行動を繰り返している可能性もあります。

友達を叩かなくても問題を解決できる方法を、何度も教えてあげましょう。一度で直すことはできません。それでも、**いつも初めて教えるように、何度でも優しく言ってあげてください。**

Chapter 4

53

相手が誰でも
叩いちゃだめだよ

　子どもたちは、「ずるい」と「悔しい」が口癖のことが多いです。個人差はあっても心理発達段階で言うと、普通6歳までは自己中心的に考えるからです。その年ごろまでは、いくら頭のいい子でもそうですが、これは自分勝手とは違います。

　たとえば、日曜日に子どもを遊園地に連れて行く約束をしました。ところが、母親がひどい風邪にかかってしまい、また今度にしようと言います。子どもは泣きわめきます。子どもの立場からすれば約束は約束だし、遊園地に行くのはとても重要なことです。子どもは、「ママはいつも約束は必ず守りなさいって言ってるでしょ」と遊園地に行くんだと言い張ります。

　もちろん、こんな状況でも怒らずにうまく受け止められる子どももいますが、それは性格が従順だから、大人が「だめ」と言えば「はい」と答えているだけです。心から状況を理解して受け入れることは、この年齢では難しいのです。

　ですから、**子どもに教えるときには「誰でも」という言葉がとても重要です**。子どもの感じる悔しさを減らしてあげるには、状況を一般化して表現してあげましょう。

声に出して読んでみましょう。

> 「パパを叩いてもだめだし、
> 弟を叩いてもだめだし、
> 友達を叩いてもだめだし、
> 相手が誰でも叩いちゃだめだよ」

「誰でも」を入れて話すと、親が特定の誰かの味方をしているわけではないとわかります。「自分」に問題があるから、「自分だけ」がそうしないといけないと感じることもありません。誰もが守るべき「生活の秩序」だと考えるようになります。

Column

育児のお話

「約束したよね!」という言葉、どれくらい使っていますか?

　4歳の○○くんは、何か気に入らないことがあると、つい友達を叩いてしまいます。今日もキッズカフェに行く前、ママがきつく注意をしておきました。口で言うだけでは足りず、指切りげんまんもしました。しかし、その子はキッズカフェに来て間もなく、また友達を叩いてしまいました。慌てて子どもに駆け寄り、こう言いました。「ママと約束したでしょう!」子どもはうつむいて、こくりとうなずきました。「約束を守らない子はどういう子だっけ?」子どもが口をとがらせながら「悪い子」と答えると、さらに続けました。「悪い子はサンタさんからプレゼントもらえないよね?」子どもの目から涙がこぼれました。

　今日は5歳の△△ちゃんが、おもちゃを買ってもらう約束をしていた日です。服を着替えておもちゃを買いに出かけようとしたとき、パパが言いました。「さっき遊んでいたおもちゃを片づけなさい。片づけなかったら新しいのは買わないって約束したよね?」子どもは早く出かけたくて、慌てて片づけ始めます。しかし、思ったより時間がかかります。子どもは「帰ってきてから片づけちゃだめ?」と聞きました。パパが「どうして?　約束を守らないなら、パパも約束を守らないよ」と言うと、子どもは泣きべそをかきながら片づけました。

　私はときどき、「たかが約束」と言うことがあります。約束は守

るべきだし、子どもに教える大切な価値観ではあります。でも、子どもにとってはあまりに難しい概念です。しかし、親はしばしば「約束の力」を悪用し、子どもを思いどおりにコントロールしようとします。下の子を叩いても、おもちゃを買ってほしいと言っても、片づけがうまくできなくても、テレビを見過ぎても、食べ物の好き嫌いをしても、友達とけんかをしても、先生の言うことを聞かなくても、宿題をすぐに終わらせなくても、親は「約束したでしょう！」と言います。そうなると子どもは何も言えません。「約束を守る」ということは大前提であり、なによりも優先されるので、対抗する術がありません。約束を破った子どもは一瞬にして悪い子になり、親から非難され、必ず罰を受けることになるのです。

　育児において「約束」という言葉は、何かを教えるために使われます。〇〇くんのママも、「どんな場合でも人を叩いてはいけない」と教えようとしたのでしょう。だったら約束を強調するよりも、「嫌なことがあっても人を叩いちゃだめだよ。嫌ならその子に言葉で伝えなさい」と言えばいいのです。これだけ言い聞かせ、また送り出しましょう。子どもがその行動を繰り返すようなら、「今日はもう遊ぶのをやめよう。また今度ね」と言って帰りましょう。そうすれば、子どもは「他の子を叩いちゃだめなんだ」と学ぶことができます。

　△△ちゃんのパパも、「遊んだおもちゃは自分で片づけよう」と教えたかったのでしょう。そんなときは、子どもの気持ちを優先して柔軟に対応しても大丈夫。「自分で遊んだおもちゃは自分で片づけないといけないけど、今日は帰ってきたらにしようね」と言いま

Chapter 4　耳で話す言葉、口で聞く言葉　157

しょう。約束のための約束ではありませんから、順序が変わっても問題ありません。順序を必ずしも親の思いどおりに決める必要はありません。子どもが約束を破ったら、約束を強調するのではなく、もともと教えようとしていたことを教えればいいのです。実際、子どもたちは親からの無言の圧力のせいでしかたなく約束していることも多いもの。論理的に考えるには、まだ幼すぎます。ただ約束しなければ怒られそうだから、または約束すれば親にその場だけでも褒めてもらえるから、「なんとなく」約束するのです。すると、守れない約束をしてしまうことが増えます。親は、簡単な約束なのに破ったと非難し、罪悪感まで抱かせます。そして大手をふってコントロールしようとするのです。約束を守れなかったことを理由に、しきりに子どもを支配下に置こうとします。そうすると、子どもの自律性、責任感、自信、自尊心などは、すべて抜け落ちてしまいます。罰が怖くて無理に約束を守ったとしても同じこと。欲求不満になり、無気力になったりもします。

　子どもとの約束は、守ることが可能な現実的レベルとなるよう、子どもと十分に話し合いましょう。親の一方的な指示が「約束」になってしまってはいけません。守れなかったときも、柔軟性をもたせましょう。約束は親がラクになるためのものではなく、子どもに何かを教えるためのものだからです。

Chapter 4

54
これからは
前の日に選んでおこうね

　これから外出するのに、ママが選んだ服を子どもが着ないと
ぐずって、自分が服を選ぶのだと言い張ります。こんなとき、
「昨日のうちに言わなきゃ。どうしていまさらわがまま言う
の？」と言ってしまうと、すべての間違いを子どものせいにす
ることになります。それはつまり、「昨日言ってくれれば、い
まこんな状況にはならなかったし、私もラクだったはずなのに、
どうしていまさら困らせるの？」という意味だからです。考え
てみれば、昨日のうちに「明日着る服を選んでおいてね」とか、
「明日はどんな服を着るの？」と聞かなかった母親の側にも責
任はあります。

　こんなときは、次のように言い換えてみましょう。

「そう？
ママが選んだ服が気に入らないこともあるだろうから、
これからは前の日に選んでおこうね」

　それでも子どもが譲らないことがあります。そういうときは、

160

はっきりとこのように言ってみてください。

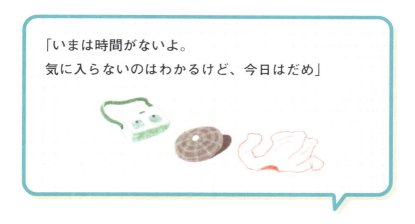

「いまは時間がないよ。
気に入らないのはわかるけど、今日はだめ」

　こう言っても不機嫌が収まらず、泣いて足をバタバタさせることもあるでしょう。でも、一緒になって怒ってはいけません。子どもが感情的に反応するのは当然だと考えてください。納得しなくても、**服を持って子どもを抱きかかえて家を出ましょう。この行動から子どもは、「いまは出かけなきゃいけない時間だよ」というメッセージを受け取ることができます。**

　子どもはシンプルです。親が想像するほど複雑なことを考えているわけではありません。ただお気に入りの服を着たいだけなのです。これ自体は問題ではありませんよね。しかし、いまはそのような状況ではありません。ならば、親も怒らずにシンプルに教えればいいのです。

Chapter 4

55

嫌なのはわかったよ。でも、寒いから着ないとだめだよ

　両袖の長さがぴったりそろっていないと嫌、Tシャツの首が少しでもきついと嫌、ズボンがお尻に少しでも食い込んでいたら嫌……など、服を着せるのが大変な子がいます。感覚が過敏なのです。

　冷たい風が吹く日なのに、子どもがジャンパーを着たがらず、ぐずります。どうしたらいいでしょうか。こんなときは、子どもの気持ちをまず認めてあげて、親が許せる限界を教えましょう。「こうやって袖が落ちてくるのが嫌なんだね。袖がこうなると、ここが気持ち悪いんだね」。そして、子どもが「これが嫌だ」と言ったら、こう言いましょう。

> 「嫌なのはわかったよ。
> でも、寒いから着ないとだめだよ」

　子どもはきっと、「半袖を着るの。ここが短いのを着るの」と言うでしょう。そうしたら、「わかったよ。じゃあ車で幼稚園に着くまでは半袖を着よう。だけど、着いたらジャンパーを

着るんだよ。半袖だけだと寒いからね」と伝えてください。

　車内ではヒーターがあるので、望むとおりに半袖を着せます。そして車から降りたら、家で言ったようにジャンパーを着せるのです。そうやって猶予を与えれば、素直に聞き入れたりもします。もちろんそうはいかない子もいます。それでも親は、先に伝えたとおりにしましょう。

　子どもがぐずるときは、少し時間をおいたり、いったんその場所や状況から抜け出すと、思ったより容易に解決することがあります。同じ場所、同じ状況、同じ人間で揉めていては、感情に変化は起こりません。そこから抜け出せば、子どもの気持ちも少しは変わってきます。

　どれほど寒いのか、どうしたら風邪をひくのか、どうして季節ごとに服を変えるのかを、長々と説明するのはやめましょう。親が勘違いしていることとして、優しく説明すれば同じ内容を繰り返しても大丈夫だろう、怒りさえしなければうまくいくだろうと思いがちです。ですが、**優しい口調でも話が長くなれば説教になります。**すると、過敏な子はいっそうぐずります。子どもが話を理解していないからではなく、言葉に敏感なので嫌になってしまうのです。

Chapter 4

56
どんなときに嫌いになるのか、教えてくれない?

「ママなんか嫌い！　他のママがいい！」

　もし子どもがそう言ったとしても、自分を生んでくれたあなたのことを愛しているという事実を、疑わないようにしましょう。

　あるママは、子どもに「ママなんかいなくなっちゃえばいいんだ」と言われたと悲しんでいました。子どもの言ったことも褒められたものではありませんが、子どもだって母親に腹が立ったり、嫌いになったりすることもあるでしょう。親だって命がけで子どもを愛しているとはいえ、365日、24時間を通して子どもを好きでいられるわけではありません。もちろん、いつだって子どもを愛していますが、それでも気に食わないときもあります。子どもも同じ。常に100%母親を好きでいるわけではありません。だから、「ママ嫌い」と言ってしまうこともあるのです。

　そう言われたときの気持ちはよくわかります。でも、子どもがそんな言葉でも気持ちを表に出すのは、黙っていることよりも何万倍もいいことです。難しくても、子どもの言葉や行動を寛大に受け入れられるように、努力する必要があります。

　そんなときでも、**子どもが一番好きなのはあなただという絶**

164

対的な事実を疑ってはいけません。虐待などの問題がない限り、どの子どもも親のことが一番好きなのですから。

だから、子どもに「嫌い」と言われたときは、「どうしてそんなこと言うの？」「ママだってママをやめたいよ！」「あんたみたいな子、育てるの大変なんだから！」などと言い返さないようにしましょう。それよりも、「ママのことが世界で一番好きな子が、なぜそんなことを言ったのだろう？」と考えてみてください。

子どもがなぜそんなことを言ったのか気になったら、直接聞いてみましょう。

> 「ママが嫌いになるときもあるんだね。
> どんなときに嫌いになるのか、教えてくれない？」

Chapter 4

57

ママが聞いてあげなかったから悲しかったんだね

　子どもは「ママが嫌い」と言いながらも、母親が昨日聞いてくれなかったことを話すことがあります。そんなときは、こう聞いてみましょう。「何かしてほしいって言ったのに、ママが聞いてあげなかったら嫌いになる？」子どもがうなずいたら、「そうなんだね。じゃあ、ママが嫌いなときはどんな気持ち？」と質問します。すると意外にも、多くの子は「悲しい」と答えます。そうしたら、子どもの感情をこう整理してあげましょう。「ママが聞いてあげなかったから悲しかったんだね」。==ママやパパが嫌いだと言う子どもの心情は、嫌悪と憎しみではなく、悲しみです。==

　声に出して読んでみましょう。

> 「何かしてほしいって言ったのに、
> 　ママが聞いてあげなかったから悲しかったんだね」

　もちろん、「怒っている」と答える子どももいます。そんな

166

ときは、「ママが聞いてあげなかったから怒っているんだね」と聞いてみてください。

　子どもの頼みが聞き入れてあげられそうなものなら、「ああ、それはママが聞いてあげるべきだったね」とすぐに聞いてあげてください。もし無理なら、「ママはあなたのことが大好きだけど、それはできないよ」と言います。子どもがまた「ママ嫌い！」と言うかもしれませんが、そこまでです。いくら「ママ嫌い」とぐずっても、だめなものはだめ。このとき、子どもに何かを言い返すのはやめましょう。怒るのもいけません。「だめだよ」だけですませましょう。

Chapter 4

58

濡れちゃったね。気持ち悪いよね。乾かしてあげる

　子どもの言う「かわいい」や「嫌い」などの言葉は、文字どおりの意味ではないことがよくあります。その場その場で子どもの気持ちを考えて話を聞かなければいけません。

　敏感で気難しい子のカウンセリングをしていたときのこと。その子が、飲んでいた水を服にこぼしてしまいました。服が少し濡れた程度だったのに、機嫌がとても悪くなって、服を脱ぐと騒ぎ始めました。気難しいタイプの子は、こうした状況を簡単に受け入れられません。

　このとき、私はこう言ってあげました。

> 「濡れちゃったね。気持ち悪いよね。
> でも脱いだら風邪ひいちゃうからだめだよ。
> 乾かしてあげる」

　このような子のために、私の診察室にはドライヤーを常備してあります。敏感な子どもたちは機械の音を嫌がるので、ドラ

イヤーのスイッチを入れる前に、音をまねして子どもを安心させます。「大丈夫。先生がちゃんと乾かしてあげるからね。ウィーン、ウィーンって乾かすからね」。こう言ってから濡れた服を乾かしてあげると、子どもたちはリラックスした顔になります。すると「先生って、かわいいね」

と言ってくれる子もいます。このときの「かわいい」は、本当にかわいいという意味ではありません。「気持ちをわかってくれる先生が好き。安心させてくれて気分がいい」という意味です。

　親に叱られた子が「ママ嫌い」「パパ嫌い」と言うときも同じ。**子どもが言う「嫌い」「嫌だ」という言葉は、「悲しいよ、不安だよ」という意味です。**
　子どもの言葉は、文字どおりの意味と違うことがよくあります。子どもが生まれて過ごした時間と、私たちが過ごした時間には大きな差があります。その差の分だけ、言葉の使い方にも差が出るのです。**親の基準で子どもの言葉を受け止めないようにしましょう。**親子が共に過ごした年月に合わせて、子どもを理解すればいいでしょう。

Chapter 4

59

弟のせいで大変だったね

　きょうだいがいる場合、上の子どもが「弟（妹）なんかいなければいいのに」と言うことがあります。このとき、「弟は大切なんだよ。家族みんなで面倒を見なくちゃね」と説明するのはやめましょう。**子どもはただ、自分の気持ちを表現しただけです。子どもが見せた感情は、感情で受け止めてください。**

　声に出して読んでみましょう。

> 「お姉ちゃんは寂しかったんだね。
> 弟のせいで大変だったね」

　私たちはしばしば、誰かが自分の「感情」を口にすると、それをその人の「思考」として受け止めます。たんにそんな気持ちになったと言っただけのことを、意図を持って言った「思考」だと受け止めてしまうのです。感情を思考として受け止めると、子どもがそのように考えているのだと思って、それを善悪で判断することになります。すると、正しい考えか悪い考え

かを仕分けし、その考えを正そうとして説明したり説得したりします。相手が説得されなければ、怒って特定の感情を押しつけたりもします。

　相手が感情を表現したらそのまま感情として受け止めましょう。たとえば、夫が「もう会社なんか辞めてやる」と言ったら、「辞表を出したいほど大変なんだね。そんなにつらくて大丈夫？」と受け止めるのです。そこで「誰だってそうよ。私だって大変なんだから！　辞めてどうするの？　無責任なこと言わないで」と答えたなら、それは感情を思考として受け止めているのです。

　もちろん、現実の会話で感情をそのまま感情として受け止めるのは簡単なことではありません。それでも、相手の感情を理解する努力は必要です。そうすれば心が傷つくことを減らせます。一緒に暮らしながら孤独を感じることも減るでしょう。

Chapter 4

60

まねするだけね、刀で突いたらだめ！

チャンバラごっこをしていると、おもちゃの刀で友達やきょうだいを突く子がいます。そんな子には、遊ぶ前にこう言っておきましょう。

> 「楽しく遊ぶのはいいけど、
> **本当に体を突いたらだめだよ。**
> **まねするだけね、刀で突いたらだめ！」**

相手を突くまねをするときは「ヤーッ！」という声をあげ、突かれる側は「ウッ！」と声を出すというように、事前にルールを決めておき、遊びの中で子どもの感情を思い切り表現できるようにしてあげましょう。

乱暴な遊び方をする子もいますが、子どもも日常の中で怒ったり我慢したりしています。そうしたストレスを遊びの中で発散するのは、じっと我慢しているよりはましです。子どもは遊びを通して気持ちを発散したり、コントロールしたりする方法を学ぶのだということを覚えておきましょう。

相手を突かないというルールを作っても、それでも突く子も
いるでしょう。そこで大人はしばしば「もう誰も遊んでくれな
くなるよ」「もう刀では遊ばせないよ」などと言って、機会を
奪ってしまいます。

　しばし遊びを中断させるのは正しい対応です。あやまった行
動であることをわからせなければならないからです。ですが、
もう一度チャンスを与えてあげましょう。いまは刀を取り上げ
ても、明日またその刀のおもちゃを与えます。チャンスを与え
てこそ、子どもが自分をコントロールする練習になります。

Chapter 4

61

だったら、
どうしていつも刀で突くの?

　チャンバラごっこの際、ルールを決めて伝えてあるのに、相手を突き続ける子がいます。そんなときは、「やめなさいって言ったでしょ!　何回言わせるの!」と怒らずに、真剣に聞いてみてください。「ママと遊ぶの楽しい?」子どもが「うん」と答えたら、「突いたらだめなの、わかってるよね?」と確かめます。子どもはまた「うん」と答えるでしょう。そうしたら、こう聞いてください。

「だったら、どうしていつも刀で突くの?」

　怒ったり叱ったりせず、本当に理由を知りたいという顔で聞くと、意外に素直に答えてくれます。「そのつもりじゃなかったけど、つい……」とか、「友達だってよく突くから」などと言うかもしれません。子どもの正直な声を聞けば、どうやって教えるべきか、意外な答えを見つけられることもあります。

　声に出して読んでみましょう。

「ママと遊ぶの楽しい?」
「突いたらだめなの、わかってるよね?」

174

「だったら、どうしていつも刀で突くの？」

　現実の中で、誰かに気軽に相談できないような深い悩みがあるとき、大人でもそれを夢に見たりします。子どもが遊びで攻撃的になるのもそれと同じです。遊びの中で自分が扱いやすい、単純なかたちで表現しているのです。

Chapter 4

62

勝っても負けても楽しいよ

　子どもと遊ぶとき、「どっちが早くできるか勝負しよう」「どっちがたくさんできるかな」などと言う親は多いでしょう。子どもの勝負心を刺激して、より楽しく遊ぼうと思う気持ちはわかりますが、あまりおすすめしません。遊びというのは勝っても負けても楽しいものです。遊びで常に勝負を意識させていると、「なんでも勝つほうがいい」という思考を強くすることになります。

　勝った親がうれしそうにして負けた子どもをからかうのも、もちろんよくありません。子どもとの遊びで勝負にこだわりすぎると、負けたときに泣きわめくような子になるかもしれません。そうすると、親はとにかく負けてやらないといけなくなり、それもまた困りものです。負けてやるのも「勝つこと」だけがよいと、子どもに教えることになるからです。**遊びでは、「競争で勝つことより楽しむことが大切だ」と感じられるようにしましょう。**

　勝敗を決めるような遊びをするときは、まず子どもにこう伝えてください。

176

「勝っても負けても楽しいよ。楽しく遊ぼう。
『勝っても負けても楽しむ』のが決まりだよ。
お互い頑張って、手を抜くのはなし！
ずるするのもなし！」

　親子の実力差が大きい場合は、ハンディをつけてやるのが公平というものです。囲碁で両者の段位に差があるときに、あらかじめ置石(おきいし)を置くのと同じ。遊びやゲームの難易度が高ければ、親は10回、子どもは3回成功したほうが勝ち、というようにハンディを設定してもいいでしょう。

　負けてプライドが傷つくようなことはありません。**ルールを守りつつ頑張ってフェアな勝負をすること自体が大切です。**

Chapter 5

大人は大人として最初の意図のままに話そう

「ママ嫌い!」
「ママだって、そんな子はかわいくない」

「もうパパの言うこと聞かないから!」
「パパだって何か頼まれても聞いてやらないぞ」

子どもの前で、親もどんどん子どもになっていきます。
3歳と30歳なのに……。
5歳と35歳なのに……。
12歳と42歳なのに……。
いつしか親が3歳、5歳、12歳になってしまいます。
しっかり子どもをしつけようとしていたのに、
ピンポン球のように言葉が行ったり来たりするうちに腹が立って、
幼い子どもとけんかしているわけです。

けんかするということは、
子どもを子どもとして見ていないということです。
子どもの前で、親ではなく「子ども」になってしまうのです。

親は常に親として振る舞うようにしましょう。
子どもになってはいけません。
吠えている子犬を見ている虎になったつもりでどっしり構えましょう。

Chapter 5

63 お腹が空いたの？
それともママを呼んだの？

　まだ言葉を話すことができない幼い子が、親を呼びたいとき、どうするでしょうか。何か思うようにならないとき、どんなことでもまずは声をあげます。

　小さな子どもにとっては声が言語です。傍から見ると、ただの声のようでも、よく聞くとその声は状況ごとに違います。一言だけ発する声もあれば、長く叫ぶ声もあれば、断続的に発する声もあります。まず、**子どもがどんな状況でどんな声を出すのか、よく観察しましょう**。そして、子どもの声を状況に合わせて言語化します。

　たとえば、離乳食をつくっていたら、お腹が空いたのか、子どもが声をあげています。こんなとき、神経質に「もうできるから待ってて」とか、「あげると言ったでしょ。静かにできないの？」などと言ってはいけません。少し急ぎながら、こんなふうに言ってみましょう。

「あらあら、お腹が空いたの？
それともママを呼んだの？
待っててね、ママがあげるからね。

いま行くよ」

　声をあげて騒ぐのに、しつけるべきじゃないかと思うかもしれませんね。でも、しつけは善悪を教えるものなので、「だめ」「しないで」という言葉を多く使うことになります。これらの言葉を子どもが受け入れられるかどうかは、言語や情緒の発達に大きく影響されます。子どもそれぞれによって違うでしょうが、平均的に満3歳にならないと、こうした言葉を理解できません。その年になれば言葉もよく話すことができ、聞いて理解できます。ですから、**しつけは満3歳から始めたほうがいいでしょう。**

　ならば、それ以前はどうすればいいのかというと、**満3歳未満の子どもには、親は子どもに常に善悪を教えましょう。**繰り返し短い言葉を使います。長い言葉は理解できないからです。

Chapter **5** 大人は大人として最初の意図のままに話そう　181

Chapter 5

64

うまくいかないな。
ああ、イライラする

　あるママからの相談です。3歳にもならない子が、「クソッ」と悪態をつくので心配だといいます。その言葉を口にするたび、「だめよ」と教えているのに直らないのだそうです。

　子どもはそんな言葉をどこかで覚えてきたのでしょう。気分が悪ければ「わーん」と泣く子もいれば、「うわー！」と叫ぶ子もいます。この子は気分が悪いとき、どこかで耳にした「クソッ」と言ったら、なんだかすっきりしたのでしょう。**子どもがどんなタイミングでその言葉を言うのか、観察してみましょう**。何かうまくいかないときに言っているなら、こんなふうに言葉をかけて言い換えてあげましょう。

「うまくいかないの？
うまくいかないな。ああ、イライラする」

　気分が悪くないのに、しきりに「クソッ」と言い続けるなら、それはただの口癖かもしれません。その響きが面白いのです。そんなときは、「ブクブク」「ブツブツ」「ゴロゴロ」のような

182

多様な響きの表現を聞かせてあげましょう。声帯を響かせて口から出る声は、とても楽しく愉快です。「クソッ」と口に出して言うのもそのためかもしれません。

Chapter 5

65

眠たいのに眠れないんだね

　子どもが寝る前、むずかることがよくありますよね。なぜでしょうか。**幼い子どもは睡眠・覚醒調節がうまくいかないためです。**疲れて眠くなると、ただ横になって寝ればいいと思いますが、その調節能力が未熟なため、逆に覚醒機能が高まってしまいます。つまり、眠気に打ち勝とうとしてかんしゃくを起こしてしまうのです。これは体のコンディションの変化に影響を受けやすい、少し敏感な子どもに多い現象です。

　こんなとき、「眠ければ寝ればいいのに、なぜぐずるの？」と言っても無意味です。意識的にぐずっているわけではありませんから。このような場合は、眠りに就くのに一定の時間が必要です。放っておいても時間がたてば眠り、「どうしてぐずるの？」「早く寝なさい！」と叱っても、時間がたたなければ眠ってくれません。こうしたときは、子どものお尻をトントン叩きながら、低い声でこう言ってあげます。

> 「おやおや、いっぱいぐずって。
> 眠たいのに眠れないんだね」

背中をなでながら、「夢の国で会おうね」と言ってあげるのもいいでしょう。

一定の時間がたたないと、むずかりは収まらないことを受け入れましょう。 そして、子どもに早く寝てほしいという気持ちを打ち消しましょう。なぜぐずるのかとイライラするのではなく、眠いからぐずるんだと考えてください。

子どものむずかりは親のせいではありません。生理現象だということを理解しましょう。

Chapter 5
66

最後まで頑張ったね。
かっこいいよ！

　子どもが何か褒めるに値することをしたとき、親はどれほど大げさに褒めても、褒めすぎることはありません。ただ、「いいね」「立派だね」「最高だね」などの表現は考えものです。もちろん、かわいい服を着たときに、「いいね」と褒めてもいいですし、困っている友達を助けたときは、「立派だね」と褒めてもかまいません。ただ、子どもが素晴らしい成果を上げたときに、大ざっぱに「いいね」「立派だね」「最高だね」というふうに、あいまいな表現で褒めるのはやめたほうがいいでしょう。

　テストで100点をとれなくても、かっこ悪いわけではありません。「最高」という言葉も悪くありませんが、必ずしも最高である必要はないでしょう。親はそんな意味で使っていなくても、子どもは誤解するかもしれません。あやまった価値観を植えつけることもあります。

　褒めるときは抽象的な言葉より、具体的に表現するのがいいでしょう。絵を描くたびに、いつも完成させられずに途中でやめてしまう子がいました。ある日、その子が下書きを描き、色も全部塗りあげました。このとき、「すごくうまく描けたね」と褒めるより、このように褒めるほうがもっといいでしょう。

「最後まで描きあげたね!」
「最後まで頑張ったね。かっこいいよ!」

> **Column** 育児のお話

「もうあなたのママじゃないよ！」
「この家から出て行きなさい！」

　あまりに聞き分けのない子に、腹立ちまぎれに「もう○○のママじゃないよ！　○○みたいな子、いらない」「そんなに言うことが聞けないなら、家から出て行きなさい！」などと言ってしまいました。親としては、絶対に言ってはいけない言葉です。

　母親たちはこう言います。「そんなこと、本気で言うわけないでしょ」。でも、それは38歳の母親の考えです。3歳の子どもは、「自分がいけないことをしたから、ママが怒ってるんだ」と受け止めるよりも、「ママに本当に捨てられるかもしれない」と考えます。子どもにとって、親の気分や自分の行動によって親が変わるかもしれないと思わせるような言葉は、自分が捨てられることへの大きな恐怖心を抱かせます。

　「もう○○のママじゃないよ！」というような言葉は、絶対に言わないようにしましょう。その言葉が出そうになったら、心の中でこう言い換えてみましょう。「ああ、母親になるというのは大変だ」

　言葉というのは、なぜそれを言ってはならないかを理解してこそ、口に出さないようになります。

　「家から出て行きなさい！」という言葉も同じです。「父親になるというのは大変だ」と言い換えてみましょう。家から追い出すとか、

ご飯を食べさせないといった言葉や行動は絶対にしてはいけません。親がこんなことを言うときは、言うことを聞かないとか、何かあやまちを犯したとか、子どもが何かしでかしたときでしょう。自分があやまちをしでかしたのだとしても、子どもは子ども。とても驚き、怖がるものです。家は自分を一番安全に守ってくれる場所です。そこから追い出されるというのは、否定的な意味が大きすぎます。家は家族みんなの場所です。誰もそこから追い出されてはいけません。家族の一員なら、家にいるのは当然の権利です。

　親であることは、権利ではありません。権力でもありません。ただ親であるだけです。親の役割は、やるかやらないか選べるものではなく、無条件のものです。親の状態によって変わってもいけません。子どもの年齢によって担うべき役割が変わるだけで、親は常に親であるべきなのです。

Chapter 5

67 そのとき、お友達は
そんな気分だったんだろうね

「友達」というのは、とても大切だけれど難しい存在です。それは大人にとっても、子どもにとっても同じです。

まだ3歳にならない子を持つ母親からの相談です。子どもが保育園で友達に遊ぼうと言ったら断られ、かなり落ち込んでいたと言います。そんなとき、子どもにどう言ってあげればいいでしょうか。

この年齢の子どもは、共感と配慮の力がまだ発達していません。「自分がこう答えたら、友達ががっかりしないだろうか」というふうには考えられないのです。だから、いま自分が遊びたくなければ「嫌だ」、遊びたければ「いいよ」と答えます。

ところで、他の子は平気なのに、あなたの子はなぜ落ち込むのでしょう。おそらく、同じ年ごろの子よりも感情の発達が早いからかもしれません。こんなときはまず、「お友達と遊びたいのに、嫌だと言われて残念だったね」と、子どもの感情を肯定してあげたあと、こう言いましょう。

190

「そのとき、お友達はそんな気分だったんだろうね。
他の遊びがしたかったのかな。
また遊びたくなったら遊ぼうって言ってみようね」

Chapter 5

68

そんなこと言わないでね

　ある友達がままごと遊びをしているとき、うちの子を入れて
くれず、他の子にもうちの子とは遊ばないように耳打ちしてい
るそうです。以前にも同じようなことがありました。こんなと
き、子どもにどう言ってあげたらいいでしょう。

　子どもが親と自分だけの二者関係から抜け出して集団に入り、
社会化する過程で、このようなことがしばしば起こります。人
間は群れの中で、自分の側とそうでない側をたえず区別すると
いう本能を持っています。敵を取り除くことで安心感を得るか
らです。さらには、誰かの悪口を言って、その悪口に同意する
かどうかで、自分の味方かどうかを選別したりもします。もち
ろん、このような行動は正しいものではありません。ただ、子
どもたちの集団でこうした現象が現れること自体はよくありま
す。

　重要なのは、こうしたことが起きたときの大人の対応です。
どんな視点から見て、どう教えるかによって、次の対応が変
わってきます。いつも仲間はずれにされる子どもなら、悔しい
気持ちを十分に認めてあげてから、必ずこう教えてあげましょ
う。「誰かから『今日は遊ばない』と言われたら、『次に遊べる
ときに遊ぼう』と答えようね」と。また、誰かが「みんな、あ

いつとは遊ばないようにしよう」と言ったら、「そんなこと言わないでね。じゃあ、また今度遊ぼう」と受け流す練習をさせましょう。

> 「次に遊べるときに遊ぼう」
> 「そんなこと言わないでね。じゃあ、また今度遊ぼう」

　どう言っても、知らず知らずに萎縮した子どもの気持ちは、一気に解決することはありません。ですが、このようなことを言ってこそ、気持ちが落ち着き、次の対応を考えることができます。こうした**社会的なテクニックは、幼いうちほどうまく習得できますし、これから社会性を身につけていくのに大きく役立ちます。**

　人間は、他の人から受ける微妙な感情的刺激にうまく対応しなくてはなりません。どの集団においても、自分を嫌う人はいるものです。そうした人と無理に親しくなろうと努力する必要はありませんが、もし誰かから嫌われても萎縮することなく、自分が困らないよう問題を解決する能力を育てる必要があります。いつも誰かに頼って問題を解決してもらうようでは、安心することができないからです。

Chapter **5** 大人は大人として最初の意図のままに話そう　193

Chapter 5

69

「△△ちゃんとは遊ばないで」と みんなに言ってはいけないよ

　人には最低限の礼儀というものがあります。**多くの人の前で、相手に恥をかかせてはいけないことは、子どもでも同じ**。いくら自分が嫌いな子でも「私、あの子が嫌い。私の前であの子と遊ばないで」と言うのは、公の場で恥をかかせることになります。こうした行動は、**相手の心に大きな傷を与える原因になるので、絶対にしないよう教えましょう**。

　他の子をいじめる子は、気が強くてリーダーシップのある場合もあります。こうした子は、常にグループのボスになりたがります。そして自分の嫌いな子がいると、同じグループの子に「あの子と遊ばないようにしよう」と言ったりします。子どもがそのような行動をすると、大人はしばしば「お友達がかわいそうでしょ。仲良く一緒に遊びなさい」とたしなめますが、こうした対応では状況は改善しません。

　その子には、こう言ってあげるのがいいでしょう。

「そのお友達のことが嫌いなんだね。
それは○○の気持ちだからしょうがないね。
一緒に遊びたくない子もいるからね。

> 無理に遊ばなくてもいいよ。
> でも、それを他の子の前で言ってはいけないよ」

同時に、こうも教えてあげましょう。

> 「他のお友達の気持ちは違うかもしれないでしょ。
> 『△△ちゃんとは遊ばないで』と
> みんなに言ってはいけないよ。
> 絶対にね」

　子どもは正直です。ある子と遊びたくないというのは、それは正しいかどうかとは関係なく、その子の気持ちです。それ自体が間違っているわけではありません。グループの中に気に入らない子もいるでしょう。問題は、気持ちではなく行動です。**気持ちはどうあれ、やっていい行動とやってはいけない行動があるということを教えましょう。**

Chapter 5
70
今日は二人とも大変だったね

　幼稚園から帰ってきた子どもから話を聞いていて、引っかかることがありました。ちょっと心配です。それでも過剰反応してはいけません。親が驚いたり、うろたえたり、泣いたり、怒ったり、声をあげたり、叱ったりすると、子どもは話をすることに抵抗を感じるようになります。

　子どもはどんな状況でも、親の過剰反応をうまく受け止めることができません。子どもからその日にあったことを聞くためには、**どんな話であれ、冷静に聞いてあげること**が重要です。

　たとえば、子どもが「ママ、今日△△くんがつねった」と言ったら、「えっ、本当？幼稚園に電話して聞かなくちゃ。△△くんだっけ？」という具合に反応してはいけません。こんなときは、「どこを？」と言いながら傷の具合を見てから、こう聞いてください。

> 「あら、痛かったね。○○はじっとしてたの？」

　あなたの子もその子を叩いてけんかになったかもしれません。子どもの話を最後まで聞かずに叱ったり、アドバイスしようとせず、まずは最後まで聞いて、それからこう言いましょう。

> 「今日は二人とも大変だったね。
> △△くんのママも心配するでしょう。
> ママは○○のママだから、○○が一番大切。
> 大変だったね」

　そう言ってから、「ところで、どうしてそうなったの？」と聞けば、トラブルの真相を知ることができるでしょう。

Column 育児のお話
発表するのを恥ずかしがる子

　△△（4歳）は幼稚園に通い始めたばかりです。ある日、家に帰ってくると、玄関で涙をこぼしながらママに訴えました。明日、幼稚園で一人ずつ発表しないといけないけれど、自分はやらなくていいように、先生に頼んでほしいと言うのです。そして、恥ずかしくてとてもできないと言います。

　他人に注目されることが不安で、評価されることにも敏感な子どもがいます。みんなに注目されている場で、何かを行って評価されることに大きな抵抗を抱いてしまうのです。こんなときは、「それでもやらないと」と追い詰めてはいけません。プレッシャーが強まるとネガティブな経験につながりやすく、そのせいで克服することがさらに難しくなってしまいます。

「そう、わかったよ。そんなに発表が嫌なら、今回はしなくていいからね。その代わり、ラクな気持ちでお友達の発表をしっかり聞いてきてね。みんながどんな発表をしたのか、ママも知りたいから、帰ったら教えてね」。こう言ってあげるといいでしょう。

　そうすれば、その日の授業は罪悪感なく受けることができます。子どもが授業中、「今日は自分も当てられて発表しないといけないかも。どうしよう……」という緊張と不安のせいで、他の子の発表を見るどころではなくなるよりもずっとましです。

　ただ、苦手で嫌なことは毎回休ませていい（やらせなくていい）

と言いたいのではありません。「その日」「すぐに」やらないといけないと思わないでいいということです。育児をあまり深刻に考えないようにしましょう。親がいつも深刻な顔をしていては、子どもにもゆとりがなくなってしまいます。長い目で見ましょう。発表は今日でなくても大丈夫。今日すぐに発表させるより、緊張や不安から解放された状態で他の子の発表を見て、そこから学ぶほうが大切です。その時間を気軽に過ごせば、今後、同じような状況にぶつかっても、もう少しうまくやれるかもしれません。そうした機会を子どもに与えようということです。

　発表をしなくても「代わりにみんなの発表をよく聞きなさい」と言って、子どもをその場の主人公にさせます。人は主体性を持って状況に向き合うことで、恐怖を抑えることができます。その経験が、次からは同じような状況を乗り越える力になるのです。

Chapter 5

71

手すりをしっかりつかんで。そう！

　子どもが公園で、夢中ですべり台の上に登っていきます。パパは子どもがすべり台の上から落ちやしないかと心配です。階段を見ると、あまりきれいではありません。パパが言います。「危ないよ。足元に気をつけて。落ちたらゴツンするよ！」。パパは注意するようにという意味で言ったのでしょうが、こう言うと、子どもはすべり台よりもパパの言葉のほうに恐怖を感じます。

　心配なら、周囲に危険物があるかを見て片づけてから、できるだけ安全に遊べるよう、子どもにはこう言ってあげたらいいでしょう。

「手すりをしっかりつかんで。そう！」

　子育てにおいては、「……かもしれない」という心配をよくしますよね。もちろん、危険を警告することは必要です。「……かもしれない」という考えは愛情から出るものですが、それが度を越すと、子どもが生きる力をつけるための妨げになること

もあります。

　暮らしの中には、避けられない危険がたくさんあります。**あまりに危険であったり、害の大きいものはうまく対処する方法を教えるのがいいでしょう。**

Chapter 5　大人は大人として最初の意図のままに話そう

Chapter 5

72

本当？　そうなの？
へえ、それは面白いね

　3人の子を持つママからの質問です。3人がいっぺんに駆け寄ってきて、それぞれが自分の話を聞いてくれとせがむとき、どうしたらいいのかというのです。

　この場合、二つのケースを考えることができます。一つめは、けんかほどではないけれど、言い争いをしていた場合です。こんなときは、このように言ってあげましょう。

> 「じゃんけんで決めよう。じゃんけんぽん！」

　子どもたちが結果を素直に受け入れることのできる、最も公平な方法がこれです。じゃんけんの結果に従い、一人ずつ話を聞いてあげます。子ども部屋がある場合、一人ずつ連れて入ります。言い争い程度の状況では、それぞれ言いたいことがあるでしょう。**同じ場所で一度に話を聞けば、争いがさらに激しくなります。他の子の言葉を聞いて、もっと悔しさが増すかもしれません。だから一人ずつ聞きましょう。**

　二つめは、お互いに楽しい話をしたがっている場合です。そ

んなときは、その場でいっぺんに話を聞いてもいいでしょう。順序を決める必要はありません。親は大変でしょうが、楽しい話は細かいところまで把握する必要はありませんから、**雰囲気に合わせて面白がって聞いてあげればいいでしょう**。ただし、**子どもたちの話に合わせて、相づちを打ってあげましょう**。こんな具合です。

> 「本当？ そうなの？」
> 「へえ、それは面白いね」

Chapter 5

73

あとでまた楽しく
お話ししようね

　幼稚園から帰ってきた子が、ぺちゃくちゃ楽しくおしゃべり
しています。ところがママは、子どもにやらせなければいけな
いことが気になってしかたありません。少し聞いては、「とこ
ろで手は洗ったの？」「今日は学習ドリルをやる日でしょ」と
口を挟みます。おしゃべりしていた子はがっかりした顔になり
ます。こんなとき、どう言ったらいいのでしょうか。

　子どもが楽しくお話ししているときに手を洗わせたければ、
子どもの話を中断させずに、手洗いを同時にすればいいのです。
子どもの言葉に相づちを打ちながら、「洗面所に行こうね。ふ
うん、そうだったの。ホントに面白いね」と聞きながら手を洗
わせましょう。

　同時にできないことなら、こう言
えばいいでしょう。

「へえ、ホントに面白いね。
ちゃんと覚えておくからね。
まず学習ドリルをしてから、

204

あとでまた楽しくお話ししようね」

　同時にやれることは話をしながらやらせて、同時にやれない
ことは「終わったあとでまたお話ししよう」と、子どもの気持
ちに寄り添いながら説明しましょう。大事な話をしていて、な
かなか終わりそうになければ、ちょっと時間をおいてからまた
話をしようと言ってあげましょう。

　実際には、**子どもがその日の出来事を話す時間は5分を超え
ることはほとんどありません。**楽しく話をしていたら、親はそ
れに合わせて楽しそうに聞いてあげましょう。もしそれで時間
がかかっても、関心を持って子どもの話を聞いてあげたほうが
子どもの思い出にもなり、親も子どもをしっかり理解する足掛
かりになります。

　**今日の5分や10分を惜しまず、親子の絆を深めることを考え
ましょう。**

Column

育児のお話
自主性と意地っ張り

　いわゆる「あまのじゃく」のような子がいます。やれと言えばやらないと言い、やるなと言えばやりたいと言って意地を張り、かんしゃくを起こします。なぜこのような行動をとるのでしょう。

　こういった特質を持った子は、よく観察すると、自主性が並外れて強かったりします。こういう子は、何がなんでも自分が主人公でなくてはいけません。いえ、「主人公」になりたいというより、他人のものを受け入れたら、それによって自分が振り回されそうで不安なのです。

　こういう子の「自主性」は、実は「過度の不安」からくるものです。外部からの刺激が怖いため、自分がやったことだけを固守しようとします。そうすれば安全だと思えるからです。

　大人の目には、そんな子どもの姿がただの意地っ張りにしか見えないでしょう。ですから、最初は子どもを説得しようとし、最終的には理解できずに、「もう、意地っ張り！　本当に変な子ね。言うこと聞かないなら、もう遊んであげないよ」となります。ですが、こうなると子どもはますます不安になります。いつも結末がこうなると、その都度必要な助けを求められず、他人の忠告もなかなか受け入れられずに、根っからの意地っ張りに育ってしまうかもしれません。

　このような子は気まぐれに見えても、気楽に向き合う必要があります。そうして「ああ、意地を張らなくても自分は安全なんだ」と

感じさせることが大切です。子どもが最初に意地を張ったときは、「ママの言うとおりに一回やってみない？」とだけ言ってあげます。それでも嫌がるようなら、快く受け入れてください。「そう、わかった。無理にとは言わないよ。少しでも考えが変わったらいつでも言ってね」と言っておきましょう。そうすれば子どもは「次回」には安心して挑戦することができます。

やらないと意地を張っていた子どもが、やっぱりやりたいと言うときも「いいよ、やってごらん」と言ってあげてください。「さっきやれと言ったときにやらなかったからだめ」とか、「いつもやれと言ったときにやらずに、あとからやるんだから」などと非難してはいけません。

親はしばしば「あのときもそうだったよね？」と、過去のことを持ち出して子どもを叱ることがあります。ビシッと言っておこうという意図はわかりますが、子どもにとっては親から批判されているようにしか思えません。数時間前、数分前に起こったことでも同じです。子どものあやまちを並べ立てて教訓を与えようとするのは控えましょう。

常に「最終的にやった」という事実に焦点を当てて、「わあ、すごい。一人でもうまくできるね。次はママが言ったみたいにやってみて」と、気持ちよく話をまとめましょう。多くの親がこのようにできず怒ってしまうのは、親自身が子どもの意地を張る姿に耐えられないからです。

「あまのじゃく」と言われる子がカウンセリングに来ると、私はこのような話を聞かせます。「何かを自分でやろうとするのは『自主

Chapter **5** 大人は大人として最初の意図のままに話そう　207

性』といってね、とても素敵なことだよ」。たいていそれを聞いた子どもたちは、目を丸くして「そうなの?」と聞き返します。「うん、自主性。自分が主人公になって、自分で決めてやってみて、その責任をとるってことだからね。だけど、きみはきっと自分でやらないと不安になっちゃうから、そうしているんじゃない?」。すると、子どもたちも少し認めます。「それも悪いことではないよ。でも、やりすぎると『意地っ張り』になるの。もっとひどいと、い・し・あ・た・まになっちゃうんだよ!」。こう説明してあげると、子どもは「わはは」と噴き出します。また、ある子どもは気持ちがラクになったのか、「ママもいつも僕に石頭って言うんだ」と打ち明けたりもします。「なんでもほどほどがいいんだよ。きみはちょっとやりすぎなのかもね。自主性はもともとはいいことなんだよ。うまくやっているけど、石頭にはならないように気をつけないとね」とアドバイスしてあげます。このように説明すると、意外と素直に受け入れてくれるものです。

　子どもに何かを教えるときは、適度にジョークを交えながら本音で話してみましょう。子どもの興奮も、怒りも、不安もすっと落ち着きます。子どもはリラックスしているときであれば、なんでもすんなり受け入れられるものです。

Chapter 5

74

自分でもそうしたいわけじゃ
ないよね

　爪を噛む癖がひどく、爪がほとんど残っていないような子が
います。そんなとき、親はしばしば脅すような口調で指摘しま
す。子どもを正面から非難し、指示や命令を下します。これは
子どもの問題行動をあいだに挟んで、子どもと張り合うような
図式です。このような**対立構造をつくってしまうと、子どもは
本能的に負けたくないという気持ちになります**。そのため、素
直に親の言うことを聞けなくなってしまうのです。

　子どもと対立しても問題行動は直せません。**まずは親と子ど
もが協力し合い、一つのチームになりましょう**。そうしてこそ、
すんなり癖を直すことができます。

　では、どうすれば子どもと一つのチームになれるでしょうか。
**子どもの立場に立って、子どもが困っていることに共感してあ
げることです**。たとえばこんなふうに言ってみましょう。

「おやおや、指が切れて血も出てるよ。
とても痛そうだね。
自分でもそうしたいわけじゃないよね。
でも、思いどおりにいかないんでしょ。

そんなときは痛くて悲しくなるよね」

子どもがうなずいたら、この問題にスポットを当てましょう。

「でもね、ずっと爪を噛んでいるのが
よくないことは確かだよ。
続けたらだめだってこと、自分でもわかるよね？」

こう言ってあげれば、たいていは子どもも同意し、問題を認めることができます。

Chapter 5

75

心の中に
ずっと残っているんだよ

　最近は、ザリガニ、カタツムリ、ハムスター、ヤドカリ、金魚など、小さなペットが人気のようです。これらの動物の寿命はあまり長くありません。飼い始めて間もなく死んでしまうこともあります。このようなとき、子どもは大泣きするでしょう。

　人間は本能的に、死に対する恐怖と不安を持っています。ですから、ペットの死を悲しむことは正常な反応です。大切な物を失うだけでも悲しいのに、一緒に過ごしていたペットが死んだら、子どもはどれほど悲しいことでしょう。こんなとき、子どもをどう励ましてあげたらいいでしょうか。

　「○○（ペットの名）に会いたいね。○○もきっと会いたがってるよ。会いたいときは写真を見ながら『○○、元気にしてる？』って言ったらいいよ」と励まし、一緒にペットの写真を見ましょう。そして、「このときは尻尾をこうやって振ってたね」などと思い出を語り合いながら、子どもにこう言ってあげます。

> 「○○を好きな気持ちは○○が死んでも消えないよ。心の中にずっと残っているんだよ」

　子どもから「○○も覚えててくれるかな？」と聞かれたら、「もちろんだよ。○○はもういないけど、○○の心の中には思い出が残っているよ」と答えてあげましょう。
　子どもにはすぐに理解できないかもしれませんが、**愛する存在が消えても、それまでの愛する気持ち、お互いに支え合った気持ちは、いつまでも心の中に残っているのだということを教**えてあげましょう。

Chapter 5
76

そうね、本当はいないの。
もちろん、必ず来てくれるよ

　たいした話ではないのかもしれませんが、どう話すべきか意外と悩む問題があります。そう、「サンタクロース」についてです。

　サンタクロースはいると言うべきでしょうか？　いないと言うべきでしょうか？　答えは、**子どもの考えによってその都度変わります**。サンタクロースがいると信じている子に、「いないよ」と真面目に答える必要はありませんし、信じていない子に「いるよ」と言い張る必要もありません。

　「サンタさんは本当にいるの？」と子どもから聞かれたら、まず、どうして気になるのかを聞きましょう。子どもが、「友達がサンタさんはいないって。友達のママがいないって言ってた」などと言ったら、こう答えてください。

「そうね、本当はいないの。
でも、世界には貧しくて苦しい生活をしている人が
たくさんいるの。
年末になると、もっと苦しくて寂しくなるの。
そんなとき、お互いに愛し合って助け合いながら

心を温めるために『サンタさん』をつくったんだよ」

　子どもが「実はサンタクロースはいない」と聞かされてきた
のに、「いいや、いるよ。本当に煙突から入ってくるんだよ」
と答えるのは望ましくありません。

　逆に、サンタクロースはいると信じているケースもあります。
「本当に来るかな？　ワクワクする」と子どもが言ったら、こ
う言ってあげましょう。

「もちろん、必ず来てくれるよ」

　サンタクロースがいないことを、子どももいつか知ることに
なります。そのとき、「親がいままで自分を騙してきたなんて
……」とがっかりする子どもはほとんどいません。成長するう
ちに、そのことを自然に理解していきます。たまに、**「信じれ
ばプレゼントがもらえるし、信じなければもらえない」と子ど
もに言う人もいますが、これは一番よくない答え方です。**その
ように言うのは、子どもを混乱させるだけです。

Chapter 5 大人は大人として最初の意図のままに話そう　215

Column 育児のお話

親は決して子どもを見捨てられない

　自閉スペクトラム症の子を持つ、心身共に疲れきった母親がいました。この母親に、私のデスクの上にあった「チョコチップクッキー」と「そぼろパン」を1個ずつ差し出して、このクッキーとパンにまつわる話を聞かせてあげました。

　小学1年生のころから治療を受けていた子の話です。数日前、その子に再会しました。ＡＤＨＤを伴う自閉スペクトラム症があり、さらにひどいチック症もありました。その子の家は経済的に厳しい状況でしたが、治療のためにせっせと病院に通いました。その子はいつしかスラリとした20代後半の青年になりました。

　最近どう過ごしているのか尋ねると、「会社に通っています」と答えました。感心しながら、何の会社かと聞くと、製造業だと言います。担当の仕事で不良品が出ないように注意しながらやり、会社の人たちともうまく付き合っているということでした。月給はほとんど母親に渡し、全部貯金してくれているおかげで、だいぶ貯まったと自慢しました。

　しばらく近況を話したあと、その子はこんな話を持ち出しました。「ところで院長先生、おいしいお菓子とパンをたくさん買ってあげると言ったでしょ？」一瞬、私は何の話かわかりませんでした。その子は私の病院にずっと通っていましたが、この数年は顔を見ていなかったからです。そこで「私が？」と聞き返しました。私はときどき子どもたちに、お菓子やパンを買ってあげると約束することが

ありました。その子は「いいえ、私が！」と言って、「私が院長先生においしいお菓子とパンをたくさん買ってあげると言ったじゃないですか」と、大きな袋を二つ取り出しました。一つの袋にはチョコチップクッキー、もう一つの袋にはそぼろパンがいっぱいに入っていました。

その子は、今日私が診察の当番だと知り、これを買ってきたのです。「院長先生、これ食べてください。私が買ってあげるって言ったでしょ」。ずっしり重い大きな袋を両手で受け取りながら、急に涙があふれてきました。「院長先生、これは私が稼いだお金で買ったものですよ。この私が！」それを聞いて涙が止まりませんでした。「うん、○○さん、本当にごちそうさまね。おいしく食べるから」。その子は「院長先生、次もまたおいしいものを買ってあげますね」と、ニッコリ笑いながら言いました。

私からこの話を聞いたその子の母親は、無言で私の手を取り、大粒の涙をこぼしました。母親はこんなふうに考えていたことでしょう。「うちの子は、はたして社会で生き抜いていけるだろうか」「他の人とうまく付き合えるだろうか」……。私は現場で30年にわたり、親たちの深い愛情、後悔、不安を見てきました。親たちの子どもへの愛情は、血の涙となって流れました。私は母親の肩を軽く叩きながら言いました。「心配はいりませんよ。しっかり治療すれば、お子さんは自分なりに生き抜いていけますから」

子どもに障がいがあったり、発達が遅かったり、「この子がよくなることはあるのだろうか？」という心配でつらそうにしている親はたくさんいます。もちろん、すべての子が完全によくなることはないかもしれません。ですが、私たちは親として、子どもを見捨て

Chapter 5 大人は大人として最初の意図のままに話そう　217

ることはできません。どんなやり方であれ、子どもがもう少しうまく成長し、ラクに過ごせるように努力すれば、それでいいのです。一歩ずつ努力していけば、スタートラインよりもう少しよい方向に進むことでしょう。「チョコチップクッキー」と「そぼろパン」を、読者のみなさんにも分けてあげたいと思います。

エピローグ

いつでも今日が、
子どもに話しかける最初の日

　親の言葉の重要性がしばしば強調されますが、心の負担になっていませんか？

　子どもに話をするのが怖くなったりもしませんか？

「この前言った言葉……大丈夫だったかな」と心配にもなるでしょう。

　大丈夫です。あまりにいろいろ考えるのは禁物です。

　ほとんどは心配のしすぎでしょう。

　そんな考えは私たちをしきりに不安にさせます。

　いま目に見える子どもの行動は、大きな問題にはなりません。

　今日が子どもと過ごす最後の日でもありません。

　今日、自分が言った言葉が、子どもに言う最後の言葉でもありません。

　大ごとに考えすぎると、言葉が重くなりすぎます。

　私たちの人生も重くなります。

人生にはまだ多くの時間が残されています。

今日という日は、子どもと一緒に生きる最初の日です。

子どもを初めて胸に抱いたあの日のように、毎日が子どもと出会う最初の日です。

毎日の言葉が、子どもにかける最初の言葉です。

後悔する必要はありません。心配もいりません。

今日が最初の日のように、子どもに話しかけましょう。

それで大丈夫です。

【著者紹介】

オ・ウニョン

●——精神科医、児童青年精神科専門医。医学博士。延世大学医学部卒業、同大学大学院修士号、高麗大学大学院医学博士号を取得。新村セブランス病院精神科専攻医、サムスンソウル病院小児・青少年精神科専任医および臨床教授を経て、亜洲大学医学部精神科教授を歴任。現在は延世大学医学部客員教授を務める。オ・ウニョン小児青少年クリニック、学習発達研究所所長、オ・ウニョンアカデミー院長としても活動している。

●——育児テレビ番組「うちの子が変わりました」「60分　親」「最近の育児大事な我が子」「オ・ウニョンの大事な我が子の相談所」「オ・ウニョンリポート」など、メディアや講演などを通して「子育てメンターNo.1」「育児の神様」と呼ばれ、特に子育て世代から絶大な人気と信頼を得ている。『朝鮮日報』『東亜日報』など、メジャーな新聞社やインターネットのプラットフォームで子育て情報をシェアしている。

●——2017年「今年のブランド大賞」の幼児教育専門家部門で大賞、2021年緑の傘子ども財団の緑の傘アワードで「私たちの偶像」賞、2021年と2022年「今年のブランド大賞」（専門家エンターテイナー部門）、2021年MBC放送芸能大賞時事教養部門で「ドキュメンタリーフレックス」プログラム特別賞、2022年大韓民国教育大賞人格教育大賞（青少年人格部門）、2022年第17回親が選んだ教育ブランド大賞で「今年の教育人賞」を受賞。

【訳者紹介】

吉川　南（よしかわ・みなみ）

●——朝鮮語・英語翻訳家。早稲田大学政治経済学部卒業。韓国の書籍やテレビ番組の字幕など、ジャンルを問わず幅広く翻訳を手がけている。

●——訳書に、『私は私のままで生きることにした』（ワニブックス）、『「後回し」にしない技術』（文響社）、『勉強が面白くなる瞬間』（ダイヤモンド社）、『小さな星だけど輝いている』『明日は明日の日が昇るけど、今夜はどうしよう』『3人の娘をハーバードに合格させた　子どもが自ら学びだす育て方』（かんき出版）などがある。

こんなとき、どうしたらいい？
子どもも親も幸せになる子育て

2025年4月7日　　第1刷発行

著　者──オ・ウニョン
訳　者──吉川　南
発行者──齊藤　龍男
発行所──株式会社かんき出版
　　　　　東京都千代田区麹町4-1-4　西脇ビル　〒102-0083
　　　　　電話　営業部：03（3262）8011㈹　編集部：03（3262）8012㈹
　　　　　FAX　03（3234）4421　　　　　振替　00100-2-62304
　　　　　https://kanki-pub.co.jp/

印刷所──シナノ書籍印刷株式会社

乱丁・落丁本はお取り替えいたします。購入した書店名を明記して、小社へお送りください。
ただし、古書店で購入された場合は、お取り替えできません。
本書の一部・もしくは全部の無断転載・複製複写、デジタルデータ化、放送、データ配信など
をすることは、法律で認められた場合を除いて、著作権の侵害となります。
©Minami Yoshikawa 2025 Printed in JAPAN　ISBN978-4-7612-7796-3 C0037

かんき出版K-BOOKSチーム

公式X
はじめました!!

@kankipub_kbooks　🔍検索

このアカウントでは
韓国関連書籍の情報を発信しています。
新刊や重版案内、
ときどき韓国ドラマやK-POPネタなども
つぶやきながらゆるっとお届け。
みなさんのいいね、リポスト、フォロー
大歓迎です!